Novas parcerias
entre os setores
público e privado
volume 2

Central de Qualidade — FGV Management

ouvidoria@fgv.br

SÉRIE DIREITO DO ESTADO E DA REGULAÇÃO

Novas parcerias entre os setores público e privado

volume 2

Joaquim Falcão
Sérgio Guerra
Rafael Almeida
Rodrigo Vianna

Organizadores

Copyright © 2011 Joaquim Falcão, Sérgio Guerra, Rafael Almeida, Rodrigo Vianna

Direitos desta edição reservados à
EDITORA FGV
Rua Jornalista Orlando Dantas, 37
22231-010 — Rio de Janeiro, RJ — Brasil
Tels.: 0800-021-7777 — 21-3799-4427
Fax: 21-3799-4430
E-mail: editora@fgv.br — pedidoseditora@fgv.br
www.fgv.br/editora

Impresso no Brasil/*Printed in Brazil*

Todos os direitos reservados. A reprodução não autorizada desta publicação, no todo
ou em parte, constitui violação do copyright (Lei nº 9.610/98).

Os conceitos emitidos neste livro são de inteira responsabilidade dos autores.

1ª edição — 2011; 1ª reimpressão — 2013

Preparação de originais: Sandra Frank
Editoração eletrônica: FA Editoração Eletrônica
Revisão: Marco Antonio Corrêa e Tahyana Viana
Capa: aspecto:design

Ficha catalográfica elaborada pela
Biblioteca Mario Henrique Simonsen/FGV

Novas parcerias entre os setores público e privado, v. 2 / Org.
Joaquim Falcão... [et al.]. — Rio de Janeiro: Editora FGV, 2011
236 p. — (Direito do Estado e da regulação (FGV Management))

Em colaboração com Sérgio Guerra, Rafael Almeida, Rodrigo
Vianna.
Publicações FGV Management.
Inclui bibliografia.
ISBN: 978-85-225-0857-0

1. Parceria público-privada. 2. Contratos administrativos.
3. Concessões administrativas. I. Falcão, Joaquim, 1943-.
II. Guerra, Sérgio, 1964- . III. Almeida, Rafael. IV. Vianna, Rodrigo.
V. FGV Management. VI. Fundação Getulio Vargas. VII. Série.

CDD — 341.352

Nossa missão é construir uma escola de referência nacional em carreiras públicas e direito empresarial, formando lideranças capazes de pensar o Brasil a longo prazo e servindo de modelo para o ensino e a pesquisa no campo jurídico, de modo a contribuir para o desenvolvimento do país.

FGV Direito Rio

Sumário

Apresentação 11

Introdução 13

1 | Contratos no setor postal e a franquia pública 15
Roteiro de estudo 15
A origem do contrato de franquia e suas principais
vantagens 15
O marco legal brasileiro e o conceito de contrato
de franquia 17
Demais características das franquias 19
O contrato de franquia no direito público 22
Questões de automonitoramento 46

2 | Contrato de concessão de florestas 47
Roteiro de estudo 47
Introdução 47
Constitucionalidade da Lei nº 11.284/2006 49
O marco regulatório para o setor e a concessão
florestal 54

A concessão florestal e o ordenamento jurídico 56
Tipos de contratos da Lei nº 11.284/2006 60
Das etapas para a licitação e concessão 62
Cláusulas essenciais ao contrato de concessão 63
Responsabilidade pelos danos causados ao meio
ambiente 68
Encargos e juros de mora no contrato de concessão 75
Extinção da concessão 79
Conclusões 81
Questões de automonitoramento 82

3 | **Contratações no setor de saneamento ambiental** 83
Roteiro de estudo 83
Introdução 83
Princípios 83
Do exercício da titularidade 96
Da prestação regionalizada de serviços públicos 102
Da regulação dos serviços de saneamento 104
Questões de automonitoramento 108

4 | **Contratações da administração pública no
setor de créditos de carbono** 109
Roteiro de estudo 109
Introdução 109
Os atos do direito internacional e o mercado
de carbono 111
O mecanismo de desenvolvimento limpo (MDL) 118
A natureza jurídica do crédito de carbono 125
Contratações do poder público no mercado
de carbono 132
Visão prospectiva 137

Glossário 138
Siglas 148
Questões de automonitoramento 149

5 | Contratos no setor de telecomunicações e radiodifusão 151

Roteiro de estudo 151
Breve contextualização do tema 151
Disciplina normativa: aspectos constitucionais
e infraconstitucionais 153
Delimitação e conceituação do tema 160
Breves considerações sobre a atuação da Agência
Nacional de Telecomunicações (Anatel) 167
Algumas formas contratuais utilizadas 174
Questões de automonitoramento 189

6 | Atividades comunicadas 191

Roteiro de estudo 191
Controle estatal da livre iniciativa 191
Regime jurídico das atividades econômicas 197
As atividades comunicadas 200
Hipóteses legais da comunicação de atividades
privadas 202
Conclusões 207
Questões de automonitoramento 209

7 | Sugestões de casos geradores 211

Contratos no setor postal e a franquia pública (cap. 1) 211
Contrato de concessão de florestas (cap. 2) 211
Contratações no setor de saneamento ambiental (cap. 3) 212

Contratos no setor de telecomunicações e radiodifusão
(cap. 4)   213
Atividades comunicadas (cap. 5)   214

Conclusão   215

Referências   217

Organizadores   231

Colaboradores   233

Apresentação

Aliada na credibilidade de mais de meio século de excelência no ensino de economia, administração e de outras áreas ligadas às atuações pública e privada, a Escola de Direito do Rio de Janeiro da Fundação Getulio Vargas — FGV Direito Rio — iniciou suas atividades em julho de 2002. A criação desta nova escola é uma estratégia da FGV para oferecer ao país um novo modelo de ensino jurídico capaz de formar lideranças de destaque na advocacia e nas carreiras públicas.

A FGV Direito Rio desenvolveu um cuidadoso plano pedagógico para seu Programa de Educação Continuada, contemplando cursos de pós-graduação e de extensão. O programa surge como valorosa resposta à crise do ensino jurídico observada no Brasil nas últimas décadas, que se expressa pela incompatibilidade entre as práticas tradicionais de ensino do direito e as demandas de uma sociedade desenvolvida.

Em seu plano, a FGV Direito Rio assume o papel de formar profissionais preparados para atender às reais necessidades e expectativas da sociedade brasileira em tempos de globalização. Seus cursos reforçam o comprometimento da Escola em inserir no mercado profissionais de direito capazes de lidar com áreas interdisciplinares, dotados de uma visão ampla das questões jurídicas e com sólidas bases acadêmica e prática.

A Série Direito do Estado e da Regulação é um importante instrumento para difusão do pensamento e do tratamento dado às modernas teses e questões discutidas nas salas de aula dos cursos de MBA e de pós-graduação, focados no direito público, desenvolvidos pela FGV Direito Rio.

Desta forma, esperamos oferecer a estudantes e advogados um material de estudo que seja realmente útil em seu cotidiano profissional.

Introdução

Este segundo volume, dedicado ao estudo das novas parcerias entre os setores público e privado, tem origem em profunda pesquisa e sistemática consolidação dos materiais de aula acerca de temas que despertam crescente interesse no meio jurídico e reclamam mais atenção dos estudiosos do direito. A intenção da Escola de Direito do Rio de Janeiro da Fundação Getulio Vargas é tratar de questões atuais sobre o tema, aliando a dogmática e a pragmática jurídicas.

A obra trata, de forma didática e clara, dos conceitos e princípios das parcerias público-privadas, analisando as questões em face das condições econômicas do desenvolvimento do país e das discussões recentes sobre o processo de reforma do Estado. Da mesma forma, ocupa-se do estudo de contratos em áreas específicas de importância econômica.

O material aqui apresentado abrangerá assuntos relevantes, como contratos no setor postal e a franquia pública; contratos de concessão de florestas; contratações no setor de saneamento ambiental; contratações públicas no setor de crédito de carbono;

contratos no setor de telecomunicações e radiodifusão; atividades comunicadas.

Em conformidade com a metodologia da FGV Direito Rio, cada capítulo conta com o estudo de *leading cases* para auxiliar na compreensão dos temas. Com ênfase em casos práticos, pretendemos oferecer uma análise dinâmica e crítica das normas vigentes e sua interpretação.

Esperamos, assim, fornecer o instrumental técnico-jurídico para os profissionais com atuação ou interesse na área, visando a fomentar a proposição de soluções criativas para problemas normalmente enfrentados.

1

Contratos no setor postal e a franquia pública

Roteiro de estudo

A origem do contrato de franquia e suas principais vantagens

Os autores de direito comercial costumam situar o surgimento do contrato de franquia em meados do século XIX. Entretanto, observam que a disseminação desse modelo de contrato empresarial só se deu após a II Guerra Mundial,[1] em virtude da existência de um grande número de indivíduos afastados de sua atividade econômica original, haja vista que muitos estavam retornando dos campos de batalha e, por conseguinte, procuravam novas oportunidades de exercerem algum ofício.[2] A partir de então foi possível notar um crescente contínuo da utilização do instituto da franquia.

---

[1] Martins (1995:583).
[2] Silva (2007:55).

O sucesso do contrato de franquia reside em sua capacidade de oferecer consideráveis vantagens[3] a todos os envolvidos na operação (franqueador, franqueado e o próprio consumidor, destinatário de qualquer atividade econômica e, portanto, principal razão do sucesso do instituto da franquia).

A franquia possibilita que o franqueador expanda seu negócio, dando a este notoriedade e maior penetração no mercado, sem que seja necessário dispor de novos investimentos de capital ou até humanos, o que poderia inviabilizar a expansão. Assim, o franqueador não só aumenta sua teia comercial como também afasta os riscos de um novo empreendimento.

O franqueado é beneficiado na medida em que reduz significativamente o risco de seu empreendimento ao utilizar-se de uma marca já testada no mercado. Ao comercializar um produto que já detém considerável aceitação do público consumidor, aumentam as chances de o negócio suceder.

O franqueado possui a seu dispor, além do produto, o direito de utilizar os componentes característicos dele, como marca, patente, logomarcas e nome comercial. Possui, ainda, a assistência técnica que o franqueador lhe deve oferecer, a fim de padronizar os serviços e fortalecer a identidade do produto em questão. Pontue-se, por oportuno, que essa transmissão de *know-how* consiste em um dos pontos mais característicos do contrato de franquia.

Por fim, o consumidor também é beneficiado pelo contrato de franquia, uma vez que o produto que ele mesmo aprovou, o se denota da aceitabilidade manifesta por sua procura

---

[3] Incontestável que o contrato de franquia empresarial não consiste na fórmula perfeita. Possui também desvantagens, como a perda parcial do controle, assim como do sigilo, por parte do franqueador; e a necessidade de dispêndio financeiro pelo uso da franquia, por parte do franqueado, bem como a redução de sua liberdade de inovar no exercício da empresa.

no mercado, passa a ostentar maior oferta e, com isso, torna-se mais acessível.[4]

O marco legal brasileiro e o conceito de contrato de franquia

O Brasil ficou, durante muito tempo, carente de um instrumento normativo que tratasse de maneira direta do contrato de franquia. Contudo, essa omissão não constituiu óbice para que inúmeros contratos de franquia fossem celebrados com amparo, mormente, na construção doutrinária até então existente.

Veja-se, a propósito, o conceito de contrato de franquia empresarial oferecido por Martins (1995:486):

> O contrato de franquia compreende uma prestação de serviços e uma distribuição de certos produtos, de acordo com as normas convencionais. A prestação de serviços é feita pelo franqueador ao franqueado, possibilitando a este a venda de produtos que tragam a marca daquele. A distribuição é tarefa do franqueado, que se caracteriza na comercialização do produto. Os 2 (dois) contratos agem conjuntamente, donde ser a junção de suas normas que dá ao contrato a característica de franquia.

Por fim, em 15 de novembro de 1994, foi publicada a Lei nº 8.955, que dispõe sobre o contrato de franquia empresarial (*franchising*).

Importa ressaltar que o principal intuito da referida lei foi o de regular as informações que o franqueador deve fornecer ao franqueado no decorrer das negociações preliminares, de

---

[4] Cf. Lamy (2002:9).

modo que sejam o mais cristalinas possível.[5] Não pretendeu o legislador disciplinar a matéria exaustivamente, por ter em vista que o contrato de franquia possui diversos pontos sobre os quais deve imperar a vontade das partes. Nesse contexto, uma normatização analítica e detalhada poderia engessar o instituto, reduzindo-lhe o dinamismo e a eficiência.

Desse modo, a definição de franquia constante do art. 2º da Lei nº 8.955/1994 não representa um conceito fechado, e sim basilar. Ou seja: tal conceito deve ser complementado pelos demais direcionamentos legais e doutrinários.

De toda sorte, veja-se a definição de franquia empresarial, de acordo com a citada lei:

> Art. 2º. Franquia empresarial é o sistema pelo qual um franqueador cede ao franqueado o direito de uso de marca ou patente, associado ao direito de distribuição exclusiva ou semiexclusiva de produtos ou serviços e, eventualmente, também ao direito de uso de tecnologia de implantação e administração de negócio ou sistema operacional desenvolvidos ou detidos pelo franqueador, mediante remuneração direta ou indireta, sem que, no entanto, fique caracterizado vínculo empregatício.

Lamy bem observa que o conceito legal não registra como sendo necessária a operação de transferência de *know-how*, referindo-se a ela como eventual. Entretanto, o referido conceito faz menção à cessão de patente,[6] o que, para o autor, implica

---

[5] Em outros termos: o principal objeto de disciplina normativa no caso em questão foi a circular de oferta, veículo por meio do qual o franqueador informa o franqueado sobre as condições, requisitos e características da atividade objeto de franquia.

[6] Coelho (2007:86) oferece sintético conceito de patente, expondo que ela "diz respeito à invenção ou ao modelo de utilidade", sendo estes, respectivamente, entendidos por "projeto de algo que até então era desconhecido" e "objeto de uso prático suscetível de aplicação industrial, como novo formato que resulta melhores condições de uso ou de fabricação".

transferência de *know-how*, ao menos na hipótese de se tratar de franquia de produção. Nas palavras do autor:

> A primeira vista deixa de lado a necessidade de transferência do *know-how*, pois utiliza a expressão "eventualmente". Mas, ao mencionar o uso da patente, acaba por incorporar o *know-how* como necessário, pelo menos na franquia de produção, pois patente sem *know-how* não pode ser utilizada.
>
> (Lamy, 2002:22)

Por conveniente, aproveita-se para expor brevemente os principais tipos de franquia que se costumam observar: na franquia de produção, o franqueador elabora todos os produtos que serão comercializados pelos franqueados; na franquia de distribuição, ao invés de elaborar os produtos que serão comercializados pelo franqueado, o franqueador seleciona empresas para arcarem com a produção sob sua marca, ficando ao encargo do franqueado a distribuição de tais produtos; na franquia de indústria, o franqueador municia o franqueado dos meios necessários para a elaboração de seus produtos, ficando o franqueado responsável por realizar a produção nos moldes do que fora determinado pelo franqueador e, posteriormente, comercializá-los; e, na franquia de serviços, o franqueador confere ao franqueado uma maneira específica de prestar determinado serviço aos consumidores, de modo que o franqueado deverá fazê-lo sempre respeitando os padrões determinados pelo franqueador.

Demais características das franquias

Além das características dispostas até então para ressaltar as vantagens da franquia bem como para expor os conceitos doutrinário e legal do instituto, passa-se a analisar suas demais características, a fim de aprimorar a exposição do tema.[7]

A franquia é aperfeiçoada por meio de um contrato, que se configura numa espécie de concessão entre empresas. O objeto desse contrato consiste na outorga da licença de uso de marca ou patente, siglas, símbolos e nome do estabelecimento, pelo franqueador ao franqueado, para que este proceda a um dos tipos de franquia já expostos (produção, distribuição, indústria ou serviços). Essa outorga, no entanto, não consiste apenas em simples licença de uso de marca, mas também de uma maneira exclusiva e característica (*know-how*) de produzir, distribuir ou comercializar o produto, que deverá ser obrigatoriamente observada pelo franqueado no exercício de seu mister.[8]

Costuma-se entender por *know-how* as definições de *engineering, management* e *marketing*.[9] Entende-se por *engineering* o plano e as especificações para a construção, adaptação, bem como a instalação do local onde o franqueado exercerá a atividade objeto da franquia (maquinário, cores, mobiliário etc.).

Já o *management* é o treinamento do pessoal, principalmente dos funcionários que estruturarão a franquia, procedendo-se ainda à montagem de uma estrutura contábil e administrativa. O *marketing*, por fim, compreende os métodos e técnicas de comercialização, publicidade, estudo do mercado, vendas promocionais e lançamento de produtos.

O franqueado deve remunerar o franqueador tanto em virtude da cessão de uso da marca e da transferência de *know-*

---

[7] Nesse ponto, valemo-nos de duas sistematizações, feitas por Maria Sylvia Zanella Di Pietro (que, por sua vez, traz à tona entendimentos de outros autores) e por Marcelo Lamy. A esse respeito, portanto, conferir: Di Pietro, (2005) e Lamy (2002:33 e segs.).
[8] Para assegurar o sucesso da franquia, o franqueador pode controlar a correta aplicação dos métodos transferidos ao franqueado.
[9] A respeito da explanação sobre tais elementos, conferir Abraão (1995:25-39).

how quanto pela eventual aquisição de mercadorias necessárias para o exercício da atividade.

Apesar de deter outra personalidade jurídica, o franqueado passa a atuar no mercado sob o mesmo nome do franqueador.

Os produtos comercializados ou produzidos, bem como os serviços prestados, costumam atender, ainda, a uma uniformização de preços, a fim de que se mantenha um padrão peculiar. E, em geral, a área de atuação dos franqueados é previamente delimitada, dividindo-se o território entre as franquias.

Somadas as características, o que se tem é uma rede de estabelecimentos que, apesar de ser constituída por integrantes que ostentam personalidades jurídicas diferentes e não possuem vínculo de subordinação entre si, exercem determinada atividade econômica de maneira padronizada e uniforme. Dão origem, portanto, a uma verdadeira unidade econômica.

Atentando a essa construção é que Di Pietro pontua, valendo-se dos ensinamentos de Jean Guyenot, ser o sistema de franquia um movimento oposto ao da integração de empresas:

> O sistema de franquia corresponde a um movimento inverso ao da integração de empresas, porque o franqueado mantém sua personalidade jurídica própria e assume a responsabilidade comercial pelo negócio.
> [...]
> A unidade econômica é conseguida graças a um sistema em que se combinam, de um lado, um contrato *bilateral* entre franqueador e franqueado, e, de outro lado, por relações *multilaterais* entre o franqueador e vários franqueados.
> [...]
> Assim é que, se do ponto de vista jurídico existem várias pessoas jurídicas atuando de forma independente, do ponto de vista econômico, existe uma *unidade*.
> (Di Pietro, 2005:216-217, grifos da autora)

Oportuno, assim, o registro de Souto (2004a:429-430) no sentido de afastar eventuais confusões no que toca à responsabilidade trabalhista de franqueador e franqueado:

Definida a franquia, deve ter-se o cuidado de ressaltar a distinção entre a pessoa jurídica do franqueador e a do franqueado; muito embora haja identidade de marcas, esta identidade desaparece quanto ao nome comercial, cuja reprodução, pelo franqueado, é vedada (não há, nem mesmo, relação entre matriz e filial).

Dessa distinção resultará, ainda, a clareza na inexistência de relação trabalhista entre o franqueador e o franqueado e/ou seus empregados, eliminando confusão que já vem tumultuando o Judiciário, tamanho o poder de direção (fiscalização e controle) do primeiro sobre o segundo. No caso da franquia de marca da Administração Pública, os cuidados devem ser redobrados, ante a vedação do art. 37, II, CF (já explicitada no Enunciado nº 331 do TST).

Vale lembrar que, muitas vezes, o franqueado é mero fornecedor de estrutura e mão de obra.

O contrato de franquia no direito público

Preliminarmente, é de suma importância contextualizar a discussão acerca da utilização do instituto da franquia pela administração pública para que, em seguida, seja possível expor a conceituação doutrinária do contrato de franquia pública e, só então, analisar as especificidades do tema de que ora se trata.

O contexto atual das atividades estatais

Passada a fase na qual se compreendia que o Estado deveria arcar com todos os encargos sociais, bem como estar fortemente presente — até intervindo direta e intensamente — nas mais diversas atividades econômicas, deu-se vez a um novo momento. Ampliou-se a democracia participativa, assim como se operou a redução da participação do Estado nas atividades econômicas (deixando ele de ser ator para, muitas vezes, assumir a ocupação de regulador de determinado setor do mercado), tendo isso ocorrido basicamente pela opção política dos processos de privatização e de reengenharia do Estado.

A gama de atividades que só poderiam ser executadas pelo Estado vem sendo reduzida mediante o repensamento doutrinário, legislativo e, por vezes, até da própria administração. Passa-se a observar um Estado mais gerencial que executor.

Lamy (2002:136), comentando as privatizações, sintetiza a nova visão do Estado sobre como deve se dar o exercício de suas atividades:

> A privatização é, portanto, o reflexo de um movimento contrário ao ocorrido nos últimos séculos. Ao contrário de procurar um incremento de suas funções e atividades, o Estado, por um lado, quer desobrigar-se de atividades antes já realizadas pela sociedade e, por outro, quer prestar as atividades que continuarem a seu encargo, com técnicas adequadas aos tempos modernos.

É nesse contexto, portanto, que se situa a busca de novos mecanismos, mais eficientes e menos onerosos, como o da franquia pública, e que se mostrem capazes de viabilizar os anseios tanto do Estado quanto da sociedade.

O conceito de franquia pública

A franquia pública não ostenta uma definição legal como a que possui a franquia empresarial, já colacionada anteriormente (art. 2º da Lei nº 8.955/1994). Não é só: no campo doutrinário, a busca de um conceito fechado para o referido instituto também se revela tarefa árdua. Tanto se deve não só pela pouca bibliografia específica sobre o tema, como também pela proximidade de características com o conceito de franquia empresarial, de modo que se aproveitam, em boa parte, os conceitos legal e doutrinário oferecidos anteriormente, acrescendo-se a eles as peculiaridades que a franquia pública ostenta.

Assim, apesar de não haver um conceito legal específico de franquia pública, há que se registrar que a Lei nº 11.668, de 2 de maio de 2008, que tem por objeto dispor sobre o exercício da atividade de franquia postal, estipulou, em seu art. 3º,[10] a aplicação subsidiária da lei de franquia empresarial, entre outras. Desse modo, o conceito de franquia pública postal parece poder encontrar respaldo na definição legal de franquia empresarial, prevista na Lei nº 8.955/1994, como já suscitado.

De toda sorte, realça-se aqui o conceito elaborado por Lamy (2002:173), na intenção de solidificar os apontamentos sobre o assunto:

> Franquia pública é uma relação jurídica efetivada por um contrato escrito em que a Administração Pública (franqueador) cede temporariamente o uso de uma imagem empresarial (marca, título de estabelecimento, insígnias etc.), transfere um conjunto de conhecimentos empresariais (*know-how*) e verifica a sua efetiva utilização (assistência técnica e comercial), para que a outra (franqueado), escolhida em processo licitatório ou semelhante, explore uma fórmula empresarial em um mercado

---

[10] Lei nº 11.668, art. 3º: "Os contratos de franquia postal celebrados pela ECT são regidos por esta lei e, subsidiariamente, pelas Leis nºˢ 10.406, de 10 de janeiro de 2002 — Código Civil, 8.955, de 15 de dezembro de 1994, e 8.666, de 21 de junho de 1993, utilizando-se o critério de julgamento previsto no inciso IV do *caput* do art. 15 da Lei nº 8.987, de 13 de fevereiro de 1995".

dividido entre todos os integrantes de uma rede de empresas que exploram a mesma atividade, mediante a remuneração estipulada.

As vantagens e desvantagens que a franquia pode ocasionar à administração pública

A franquia pública ocasiona, à administração pública, vantagens e desvantagens, que podem ser tidas por diferentes das decorrentes da franquia empresarial. É que a administração não pauta a execução de suas atividades no lucro, nem tampouco em sua maior presença no mercado, no mero sentido de expansão comercial para, por consequência, expandir os lucros. As motivações são diversas.

Destacam-se, como vantagens experimentadas pela administração quando do uso da franquia:[11] a possibilidade de assegurar o desenvolvimento de determinada atividade, ou a prestação de determinado serviço, impondo, ao particular, os mesmos padrões técnicos de que se utiliza, e procedendo, ainda, à fiscalização deste; a redução de custos operacionais, observada quando um particular passa a exercer a atividade franqueada em determinado local, desonerando a administração pública de prestar aquele serviço no mesmo logradouro, dispensando, assim, a necessidade de a administração despender mais recursos financeiros e humanos;[12] a ampliação da capacidade da administração de cobrir melhor o "mercado consumidor", composto por seus administrados, podendo assisti-los de maneira mais

---
[11] Cf., a esse respeito, Di Pietro (2005:220). A autora anota que as vantagens e desvantagens coincidem com as experimentadas em decorrência da privatização.

[12] A remuneração que se recebe do franqueado também constitui ponto positivo nessa equação, aproveitando à redução de custos como um todo.

eficiente (mesmo que indireta); e a redução da responsabilidade do Estado, que será repassada ao particular encarregado de exercer a atividade franqueada.[13]

---

[13] Desde que seja caracterizada como sendo uma atividade econômica, e não um serviço público, de modo que não se incorra na hipótese de responsabilização objetiva, disposta no art. 37, §6º, da CF/88, qual seja: "§6º – As pessoas jurídicas de direito público e as de direito privado prestadoras de serviços públicos responderão pelos danos que seus agentes, nessa qualidade, causarem a terceiros, assegurado o direito de regresso contra o responsável nos casos de dolo ou culpa".

A respeito da natureza jurídica da atividade postal, confira-se a ADPF nº 46, que versa sobre monopólio da atividade postal e já conta com decisão final, na forma da seguinte ementa:

"Arguição de descumprimento de preceito fundamental. Empresa Pública de Correios e Telégrafos. Privilégio de entrega de correspondências. Serviço postal. Controvérsia referente à lei federal nº 6.538, de 22 de junho de 1978. Ato normativo que regula direitos e obrigações concernentes ao serviço postal. Previsão de sanções nas hipóteses de violação do privilégio postal. Compatibilidade com o sistema constitucional vigente. Alegação de afronta ao disposto nos artigos 1º, inciso IV; 5º, inciso XIII, 170, *caput*, inciso IV e parágrafo único, e 173 da Constituição do Brasil. Violação dos princípios da livre concorrência e livre iniciativa. Não caracterização. Arguição julgada improcedente. interpretação conforme a Constituição conferida ao artigo 42 da Lei nº 6.538, que estabelece sanção, se configurada a violação do privilégio postal da União. Aplicação às atividades postais descritas no artigo 9º da lei.

1. *O serviço postal — conjunto de atividades que torna possível o envio de correspondência, ou objeto postal, de um remetente para endereço final e determinado — não consubstancia atividade econômica em sentido estrito. Serviço postal é serviço público.*

2. A atividade econômica em sentido amplo é gênero que compreende duas espécies, o serviço público e a atividade econômica em sentido estrito. Monopólio é de atividade econômica em sentido estrito, empreendida por agentes econômicos privados. A exclusividade da prestação dos serviços públicos é expressão de uma situação de privilégio. Monopólio e privilégio são distintos entre si; não se os deve confundir no âmbito da linguagem jurídica, qual ocorre no vocabulário vulgar.

3. A Constituição do Brasil confere à União, em caráter exclusivo, a exploração do serviço postal e o correio aéreo nacional (artigo 20, inciso X).

4. O serviço postal é prestado pela Empresa Brasileira de Correios e Telégrafos — ECT, empresa pública, entidade da Administração Indireta da União, criada pelo decreto-lei nº 509, de 10 de março de 1969.

5. É imprescindível distinguirmos o regime de privilégio, que diz com a prestação dos serviços públicos, do regime de monopólio sob o qual, algumas vezes, a exploração de atividade econômica em sentido estrito é empreendida pelo Estado.

6. A Empresa Brasileira de Correios e Telégrafos deve atuar em regime de exclusividade na prestação dos serviços que lhe incumbem em situação de privilégio, o privilégio postal.

Como consequência dessa desoneração da administração, restaria a esta maior fôlego financeiro e de pessoal para que aprimorasse a execução de suas incumbências indelegáveis e peculiares. Nesse sentido é o comentário de Silva (2007:64): "Livre, ao menos de início, do exercício de determinadas tarefas, seria possível ao Estado voltar-se para as atividades cuja execução efetivamente exigem sua atuação".

Entre as desvantagens podem-se apontar: o aumento no custo de supervisão, fiscalização e orientação do franqueado; o fato de que quanto mais franqueada determinada atividade for, mais difícil será manter o padrão; e a possível ocorrência da seleção inadequada do parceiro privado.

Há alguns pontos, de fato, que se encaixam mal quando transportados para o perfil da administração pública. Por isso é que se deve ressaltar que nem toda e qualquer atividade deve ser objeto de franquia por parte da administração pública.

Di Pietro (2005:219) muito bem observa que, caso fosse possível transferir toda e qualquer atividade exercida pela administração pública, certamente restaria constituída uma contradição, haja vista que a administração pública delega atividades justamente em busca da gestão mais eficiente, pois menos engessada, que costuma ser empregada pela iniciativa privada:

> É verdade que, sob certos aspectos, a franquia não se afeiçoa às peculiaridades da Administração Pública. Em primeiro lugar,

---

7. Os regimes jurídicos sob os quais em regra são prestados os serviços públicos importam em que essa atividade seja desenvolvida sob privilégio, inclusive, em regra, o da exclusividade.

8. Arguição de descumprimento de preceito fundamental julgada improcedente por maioria. O Tribunal deu interpretação conforme à Constituição ao artigo 42 da Lei nº 6.538 para restringir a sua aplicação às atividades postais descritas no artigo 9º desse ato normativo" (grifos nossos).

STF. ADPF nº 46. Plenário. Min. Rel. Marco Aurélio. Min. Rel. p/Acórdão Eros Grau. Julgado em 5-8-2009.

porque a franquia implica a imposição de métodos de organização e trabalho do franqueador ao franqueado, o que pode constituir um contra-senso, se se considera que a Administração Pública descentraliza certas atividades precisamente para fugir ao seu sistema burocrático de organização e trabalho; se, do ponto de vista jurídico, não há impedimento à sua adoção, do ponto de vista da conveniência e oportunidade, seria aceitável a franquia para determinados tipos de atividades em que a Administração instituísse determinado padrão considerado ideal e, por isso mesmo, passível de ser imposto ao contratado pelo sistema de franquia.

O permissivo legal para que a administração pública utilize o contrato de franquia

Não é possível, apenas se escorando na necessidade de modernização e aprimoramento do Estado, conferir à administração pública o direito de se valer do contrato de franquia pública. A utilização da franquia pela administração pública deve basear-se em suporte legal que discipline, de forma pormenorizada o referido instituto.

Pois bem: o contrato de franquia pública encontra-se respaldado pelas leis gerais de Licitações (nº 8.666/1993), conforme dispõe o §3º, I, do art. 62,[14] e de Concessões

---

[14] "Art. 62. O instrumento de contrato é obrigatório nos casos de concorrência e de tomada de preços, bem como nas dispensas e inexigibilidades cujos preços estejam compreendidos nos limites destas duas modalidades de licitação, e facultativo nos demais em que a Administração puder substituí-lo por outros instrumentos hábeis, tais como carta-contrato, nota de empenho de despesa, autorização de compra ou ordem de execução de serviço.
[...]
§3º Aplica-se o disposto nos arts. 55 e 58 a 61 desta Lei e demais normas gerais, no que couber:
I – aos contratos de seguro, de financiamento, de locação em que o Poder Público seja locatário, *e aos demais cujo conteúdo seja regido, predominantemente, por norma de direito privado*" (grifos nossos).

(nº 8.987/1995).[15] É que a franquia pública pode ser adotada, respectivamente, na forma de terceirização de atividades acessórias, assim como na forma de delegação de atividade-fim, aproximando-se da concessão administrativa.

Assim, interessante proceder à análise das espécies de veiculação por meio das quais a administração pode pôr em prática a franquia pública.

Espécies de franquia pública

Como visto, a franquia pública pode assumir dois formatos diferentes, cada qual fundamentado em um normativo específico. Pode se dar por meio da Lei de Licitações e Contratos, ou por meio da Lei de Concessões.

FRANQUIA PÚBLICA NA FORMA DA LEI DE LICITAÇÕES E CONTRATOS ADMINISTRATIVOS

A franquia pública, utilizada na forma da Lei Geral de Licitações, revela-se aplicável às empresas estatais, podendo ter por objeto uma de suas atividades-meio ou mesmo a atividade-fim.[16]

Tratando-se das empresas estatais sob controle acionário do Estado, não criadas por lei e que desenvolvem atividade econômica (com base no artigo constitucional nº 173), tem-se que a elas se aplica a Lei de Licitações, haja vista que exercem

---

[15] Di Pietro (2005:220-221) observa, contudo, que a falta de legislação nunca impediu que se firmassem contratos administrativos no Brasil. Até porque os contratos administrativos só passaram a ser disciplinados de maneira detalhada a partir do Decreto-Lei nº 2.300/1986.
[16] Sobre a intensa discussão acerca da distinção entre atividade-meio e atividade-fim e suas impropriedades, confira-se Garcia, (s.d.). Disponível em: <wwwjuruena.adv.br/artigos.html>. Acesso em: 19 jul. 2010.

gestão de dinheiro público e, assim, enquadram-se no disposto no parágrafo único do art. 1º da Lei nº 8.666/1993. Como não foram criadas por lei e, por conseguinte, não ostentam um instrumento legal disciplinando seus objetivos institucionais, há maior flexibilidade no exercício de suas atividades. Portanto, desde que não haja impedimento estatutário quanto ao uso da franquia, estão tais empresas permitidas a utilizar-se deste tipo de contrato.

Por outro lado, tem-se o caso das empresas estatais criadas por lei, detentoras de natureza de empresa pública ou sociedade de economia mista, e que também exercem atividade econômica com base no art. 173 da CF/88, mas, por sua vez, têm seus objetivos institucionais definidos na própria lei que as instituiu. Tais empresas também podem se valer do contrato de franquia. A diferenciação que se faz é quanto às atividades que podem ser foco de franquia por parte das empresas públicas e sociedades de economia mista legalmente instituídas. Em princípio, tanto as atividades-fim quanto as atividades-meio podem ser franqueadas. A ressalva reside no que dispõe a lei instituidora. Caso esta determine que seja observada a exclusividade no exercício da atividade-fim da empresa estatal, tal atividade não poderá ser objeto de franquia. Contudo, tanto não interfere nas atividades-meio, que poderão ser objeto de franquia do mesmo jeito.[17]

Há, ainda, o caso das empresas estatais prestadoras de serviços públicos. Estas podem ser divididas em: empresas estatais prestadoras de serviços públicos pertencentes a um ente público que executam tais serviços para o próprio ente; e empresas estatais prestadoras de serviços públicos que pertencem a um ente público, mas prestam serviços para outro ente público.

---

[17] O objeto da franquia pública no setor postal será visto adiante, em tópico específico sobre a franquia no setor.

Na hipótese de a empresa estatal prestar serviços públicos para seu próprio ente, tendo sido a outorga para tanto feita por lei, vale o mesmo que incide sobre as empresas que exercem atividade econômica: depende do disposto pela lei instituidora.[18] Já na segunda hipótese, qual seja, a da empresa estatal pertencer a determinado ente público, porém prestar serviços para outro ente que não aquele ao qual pertence, a disciplina se divide em duas, com base na atividade que será objeto de franquia: se o objeto da franquia for a própria atividade-fim,[19] aplica-se o art. 26 da Lei de Concessões,[20] por se tratar de hipótese equivalente a de uma subconcessão; por outro lado, se o objeto da franquia for uma atividade-meio, aplica-se o disposto no art. 25, §1º, §2º e §3º, adotando-se as regras de direito privado, mas observando-se a Lei de Licitações, nos termos de seu art. 1º, parágrafo único.[21]

Como o já citado art. 62, §3º, I, da Lei de Licitações e Contratos confere o espaço necessário para que os contratos que possuem caráter predominantemente privado (como é o

---

[18] Pontue-se que, em geral, tais restrições destinam-se apenas às atividades-fim, e não às complementares ou acessórias. Cf. Di Pietro (2005:227).
[19] Poder-se-ia dizer que se trata de franquia pública na modalidade de subconcessão.
[20] Lei nº 8.987/1995:

"[...]

Art. 26. É admitida a subconcessão, nos termos previstos no contrato de concessão, desde que expressamente autorizada pelo poder concedente.

§1º A outorga de subconcessão será sempre precedida de concorrência.

§2º O subconcessionário se sub-rogará todos os direitos e obrigações da subconcedente dentro dos limites da subconcessão".

[21] Lei nº 8.666/1993:

"Art. 1º. Esta Lei estabelece normas gerais sobre licitações e contratos administrativos pertinentes a obras, serviços, inclusive de publicidade, compras, alienações e locações no âmbito dos Poderes da União, dos Estados, do Distrito Federal e dos Municípios.

Parágrafo único. Subordinam-se ao regime desta Lei, além dos órgãos da administração direta, os fundos especiais, as autarquias, as fundações públicas, as empresas públicas, as sociedades de economia mista e demais entidades controladas direta ou indiretamente pela União, Estados, Distrito Federal e Municípios".

caso da franquia) sejam utilizados pela administração pública — porém desde que sejam observados os arts. 55 e 58 a 61, todos do mesmo instrumento legal —, pode-se afirmar que as especificidades que devem diferenciar o contrato de franquia pública do contrato de franquia empresarial residem, justamente, nos apontamentos oferecidos por esses dispositivos.

Contudo, há que se verificar que algumas das prerrogativas encerradas em favor da administração pública, enquanto franqueadora, muito se aproximam das encerradas em favor do franqueador comum por meio de um contrato de franquia empresarial.

No referido art. 58,[22] por exemplo, resta estabelecida a disciplina das chamadas cláusulas exorbitantes, características dos contratos administrativos. Os mandamentos de modificação unilateral, rescisão unilateral, bem como o de fiscalização da execução (respectivamente incisos I, II e III do artigo em questão), não apresentam maior diferença em relação aos atribuídos ao franqueador privado. Apenas a hipótese contida no inciso IV do art. 58 da Lei Geral de Licitações e Contratos Administrativos não pode ser utilizada pelo franqueador privado. É que incide, sobre a prestação que o poder público deve realizar, o princípio

---

[22] Lei nº 8.666/1993:
"[...]
Art.58. O regime jurídico dos contratos administrativos instituído por esta Lei confere à Administração, em relação a eles, a prerrogativa de:
I – modificá-los, unilateralmente, para melhor adequação às finalidades de interesse público, respeitados os direitos do contratado;
II – rescindi-los, unilateralmente, nos casos especificados no inciso I do art. 79 desta Lei;
III – fiscalizar-lhes a execução;
IV – aplicar sanções motivadas pela inexecução total ou parcial do ajuste;
V – nos casos de serviços essenciais, ocupar provisoriamente bens móveis, imóveis, pessoal e serviços vinculados ao objeto do contrato, na hipótese da necessidade de acautelar apuração administrativa de faltas contratuais pelo contratado, bem como na hipótese de rescisão do contrato administrativo".

da continuidade do serviço público, que concede imperatividade à administração para que ela, no caso de má prestação ou não prestação de serviços essenciais por um outorgado seu, assuma provisoriamente a empresa, assim como a execução de suas atividades correlatas à prestação de serviços públicos. O art. 60 da Lei nº 8.666/1993[23] prevê algumas formalidades que deverão ser observadas, apontando a necessidade de lavratura dos contratos e de seus aditamentos, bem como a observância à forma escrita que o instrumento contratual deverá adotar. Já no parágrafo único do art. 61 da mesma lei,[24] e tendo por vista atender aos princípios da transparência e da publicidade, fixa-se a obrigação de se proceder à publicação do contrato, bem como dos possíveis aditamentos a este.

FRANQUIA PÚBLICA COMO MODALIDADE DE CONCESSÃO

O contrato de franquia pública e o contrato de concessão de serviço público apresentam considerável identidade, uma vez que costuma ser por meio deste último que a administração

---

[23] "Art. 60. Os contratos e seus aditamentos serão lavrados nas repartições interessadas, as quais manterão arquivo cronológico dos seus autógrafos e registro sistemático do seu extrato, salvo os relativos a direitos reais sobre imóveis, que se formalizam por instrumento lavrado em cartório de notas, de tudo juntando-se cópia no processo que lhe deu origem.
Parágrafo único. É nulo e de nenhum efeito o contrato verbal com a Administração, salvo o de pequenas compras de pronto pagamento, assim entendidas aquelas de valor não superior a 5% (cinco por cento) do limite estabelecido no art. 23, inciso II, alínea 'a' desta Lei, feitas em regime de adiantamento."
[24] "Art. 61. Todo contrato deve mencionar os nomes das partes e os de seus representantes, a finalidade, o ato que autorizou a sua lavratura, o número do processo da licitação, da dispensa ou da inexigibilidade, a sujeição dos contratantes às normas desta Lei e às cláusulas contratuais.
Parágrafo único. A publicação resumida do instrumento de contrato ou de seus aditamentos na imprensa oficial, que é condição indispensável para sua eficácia, será providenciada pela Administração até o quinto dia útil do mês seguinte ao de sua assinatura, para ocorrer no prazo de vinte dias daquela data, qualquer que seja o seu valor, ainda que sem ônus, ressalvado o disposto no art. 26 desta Lei."

pública transfere ao concessionário determinados poderes e deveres que a ela pertencem originariamente.

De acordo com Di Pietro (2005:224), em ambos os casos:

- o que se delega é a execução de determinado serviço, permanecendo sua titularidade com o concedente;
- o concedente e o concessionário conservam sua personalidade jurídica própria e inconfundível;
- o risco do empreendimento é do concessionário;
- o concedente tem o direito de fiscalizar a devida execução da atividade;
- a remuneração pela execução do serviço está intimamente ligada aos bons resultados financeiros da exploração da atividade, mormente no que toca aos valores pagos pelos destinatários do serviço;
- o poder público fixa unilateralmente as condições do contrato; e, por fim,
- o concessionário paga à administração pela outorga.

Quanto às diferenças, Di Pietro (2005:224-225, grifos da autora) as destaca da seguinte maneira:

> A grande diferença está no fato de que, enquanto na concessão de serviço público o concessionário atua em nome próprio e segundo técnicas próprias de organização e trabalho, na franquia o franqueado atua sob o *nome* do franqueador, utilizando sua *marca* e suas *técnicas de atuação*; o franqueado submete-se às regras do franqueador, desde as referentes às instalações e localização, passando pelo adestramento do pessoal e montagem de uma organização contábil e administrativa, até a utilização dos métodos e técnicas de prestação de serviço, publicidade, inovações etc. Dessa diferença decorre uma outra, que é o fato de, em *regra*, o franqueado ficar

sujeito ao pagamento de uma remuneração ao franqueador, pelo uso da marca, pela assistência técnica que lhe é prestada e pelas mercadorias e equipamentos que dele deve adquirir, se for o caso.

Quanto a esta última diferença, a autora observa ainda que praticamente foi superada com o advento da Lei nº 8.987/1995. Especificamente em virtude do art. 15, II,[25] da lei, que aduz como um dos critérios de julgamento da melhor proposta pela concessão, nos casos de pagamento ao poder concedente, a que propuser a melhor oferta.

O art. 23 da Lei de Concessões estipula diversas cláusulas que devem ter presença obrigatória nos contratos de franquia pública realizados na modalidade concessão.

Aproveita-se, neste ponto, para destacar algumas outras diferenças entre a franquia empresarial e a franquia pública (Lamy, 2002:152-153). Entre elas, há que se anotar: na franquia empresarial o franqueador estipula apenas os critérios para a fixação do preço, enquanto na franquia pública o preço deve ser fixado; os casos de extinção da franquia pública também se apresentam diferentes, vez que podem ocorrer as hipóteses de caducidade ou encampação; e, por fim, na franquia pública há de ocorrer a necessária previsão de reversão dos bens do franqueado para o franqueador, pois presumida a amortização de tais bens com o simples decorrer do contrato, e tendo-se em foco que a continuidade da prestação dos serviços seja assegurada.

---

[25] "Art. 15. No julgamento da licitação será considerado um dos seguintes critérios: [...]
II – a maior oferta, nos casos de pagamento ao poder concedente pela outorga da concessão."

A franquia pública no setor postal

Até o amadurecimento do tema e consequente disciplina legal, houve considerável discussão a respeito da franquia pública no setor postal, tendo sido conferida, por diversas vezes, solução de continuidade aos contratos vigentes a cada época, celebrados sem a realização de licitação prévia. Confira-se o registro cronológico disposto por Klein,[26] aparentemente a partir do relatório final da Comissão Parlamentar Mista de Inquérito (CPMI) dos Correios:[27]

> Em 1994, o TCU determinou que não fossem realizados novos contratos de franquia postal sem prévia licitação (Decisões 601/94 e 721/94 — Plenário). Posteriormente, a Lei nº 9.648/98, que resultou da conversão da MP nº 1.531-18, de 1998, estabeleceu prazo até o final de 2002 para que a situação fosse regularizada. Como os contratos não haviam sido regularizados até aquela data, a Lei nº 10.577/02 prorrogou as avenças então existentes por mais cinco anos. Depois, em 2007, a MP nº 403 estipulou que as licitações no setor deveriam ser concluídas no prazo de dezoito meses, contados a partir da sua edição (novembro de 2007). Na tramitação do projeto da sua conversão em lei, o prazo foi ampliado para vinte e quatro meses, a ser contado a partir da sua regulamentação. Com essa redação, a MP nº 403 foi convertida na Lei nº 11.668/08.
>
> A recente Lei nº 11.668 prevê expressamente que os contratos de franquia firmados pela Empresa Brasileira de Correios e Telégrafos — ECT com os particulares devem ser objeto de prévia licitação. Nos certames, o critério de julgamento a ser aplicado

---

[26] O cronograma ora traçado é embasado em: Klein (2008).
[27] É possível encontrar a íntegra do relatório anexa à petição inicial da ADI nº 4.155, que se encontra disponível no site do STF: <www.stf.jus.br>. Acesso em: 19 jul. 2010.

é o de "melhor proposta técnica, com preço fixado no edital" (Lei nº 8.987/95, art. 15, inc. IV, c/c Lei nº 11.668/08, art. 3º).

Nos termos desse diploma legal, os contratos de franquia têm prazo de vigência de 10 (dez) anos, passíveis de prorrogação, por uma vez, por igual período (art. 4º, inc. I).

Assim, o desempenho de atividades auxiliares ao serviço postal por pessoas jurídicas de direito privado por meio da franquia pública postal só passou a encontrar disciplina legal com o advento da Lei nº 11.668/2008 e, por conseguinte, do Decreto nº 6.639/2008, voltado à regulamentação daquela lei.

Vale mencionar que o art. 3º da Lei nº 11.668/2008[28] aponta o Código Civil, a Lei de Franquia Empresarial e a Lei de Licitações e Contratos como normativos de aplicabilidade subsidiária aos contratos de franquia postal.

Em próximo passo, importa agora destacar os aspectos de maior relevo do arcabouço normativo específico das franquias públicas no setor postal (franquias postais).

A NECESSIDADE DE LICITAÇÃO PRÉVIA

Uma das maiores críticas que sempre foi feita ao regime de franqueamento procedido pela Empresa Brasileira de Correios e Telégrafos alveja a celebração de contratos desse tipo sem a precedência de licitação.

Aliás, tanto já fora objeto de manifestação do TCU, como se pôde registrar anteriormente.

---

[28] "Art. 3º. Os contratos de franquia postal celebrados pela ECT são regidos por esta Lei e, subsidiariamente, pelas Leis nᵒˢ 10.406, de 10 de janeiro de 2002 – Código Civil, 8.955, de 15 de dezembro de 1994, e 8.666, de 21 de junho de 1993, utilizando-se o critério de julgamento previsto no inciso IV do *caput* do art. 15 da Lei nº 8.987, de 13 de fevereiro de 1995."

Atenta a essa crítica, que se calcava nos mais basilares princípios que regem a atividade da administração pública, como a impessoalidade, a moralidade e a eficiência, para explicitar os que se assemelham mais importantes à hipótese, a Lei nº 11.668/2008 consignou a necessidade de licitação prévia à seleção do particular que irá celebrar o contrato de franquia postal.

O art. 3º da Lei nº 11.668/2008 (já transcrito) e o art. 2º, §5º, do Decreto nº 6.639/2008,[29] que a regulamenta, dispõem a esse respeito e devem ser combinados, daí se extraindo que não só é necessária a prévia licitação para a celebração dos contratos de franquia postal, aplicando-se subsidiariamente a Lei nº 8.666/1993, como também que o julgamento de tal certame se dará pelo critério da melhor proposta técnica, com preço fixado no edital.

Em complemento ao critério de julgamento previsto, o Decreto nº 6.639/2008 dispõe, em seu art. 5º,[30] que a modalidade na qual a licitação deverá ser procedida será a concorrência pública.

Ao cabo, cumpre observar a limitação veiculada pela Lei nº 11.668/2008, art. 5º,[31] que veda que uma mesma pessoa jurídica explore mais de duas franquias postais.

---

[29] "Art. 2º. A implantação e a manutenção da atividade de franquia postal será realizada, exclusivamente, pela Empresa Brasileira de Correios e Telégrafos — ECT, sob a supervisão do Ministério das Comunicações, na forma da Lei nº 6.538, de 22 de junho de 1978, e deste Decreto, no desempenho de atividades auxiliares relativas ao serviço postal, consoante o disposto no §1º do art. 1º da Lei nº 11.668, de 2 de maio de 2008. [...]
§5º Para os fins do disposto no *caput*, deverão ser observadas, subsidiariamente, no que couber, as disposições das Leis nºs 8.666, de 21 de junho de 1993, 8.955, de 15 de dezembro de 1994, 10.406, de 10 de janeiro de 2002, e da legislação federal conexa."
[30] "Art. 5º. A operação da AGF se dará, exclusivamente, mediante a celebração de contrato de franquia, firmado entre a ECT e a pessoa jurídica selecionada em procedimento licitatório, na modalidade concorrência, utilizando o critério de julgamento previsto no inciso IV do *caput* do art. 15 da Lei nº 8.987, de 13 de fevereiro de 1995."
[31] "Art. 5º. É vedada a uma mesma pessoa jurídica, direta ou indiretamente, a exploração de mais de 2 (duas) franquias postais.
Parágrafo único. A vedação de que trata o *caput* deste artigo aplica-se aos sócios de pessoas jurídicas franqueadas que explorem essa atividade, direta ou indiretamente."

O PRAZO DE DURAÇÃO DOS CONTRATOS DE FRANQUIA POSTAL E OS DIREITOS DOS ATUAIS DELEGATÁRIOS

Quanto ao prazo de duração dos contratos de franquia postal é possível dividir o tema em dois grupos, a saber: (i) o dos contratos que se encontravam em vigor em 27 de novembro de 2007; e (ii) o dos contratos celebrados a partir da disciplina disposta na Lei nº 11.668/2008, mediante prévia licitação pública.

Quanto aos contratos do grupo (i), a Lei nº 11.668/2008, em seu art. 7º,[32] estipulou prazo máximo de 24 meses para a sua vigência, tendo fixado como marco temporal inicial a data da publicação do decreto regulamentador da lei, o que se deu em 7 de novembro de 2008.

É de se observar oportunamente que o Decreto nº 6.639/2008 dispõe, em seu art. 9º,[33] que os contratos a que aqui nos referimos como pertencentes ao grupo (i) restarão extintos tanto no caso da instalação de agência franqueada que participou de licitação na área em que se localiza, bem como se decorrido o prazo de 24 meses anteriormente mencionado.

---

[32] "Art. 7º. Até que entrem em vigor os contratos de franquia postal celebrados de acordo com o estabelecido nesta Lei, continuarão com eficácia aqueles firmados com as Agências de Correios Franqueadas que estiverem em vigor em 27 de novembro de 2007. Parágrafo único. A ECT terá o prazo máximo de 24 (vinte e quatro) meses, a contar da data da publicação da regulamentação desta Lei, editada pelo Poder Executivo, para concluir todas as contratações mencionadas neste artigo."

[33] "Art. 9º. A ECT terá o prazo máximo de vinte e quatro meses, a contar da data da publicação deste Decreto, para concluir todas as contratações previstas no art. 7º da Lei nº 11.668, de 2008, observadas as disposições deste Decreto."
§1º Na data em que as AGFs contratadas mediante procedimento licitatório iniciarem suas operações, extinguir-se-ão, de pleno direito, os contratos firmados pela ECT com as Agências de Correios Franqueadas, a que se refere o *caput* do art. 7º da Lei nº 11.668, de 2008, cujas instalações se encontrem nas áreas de atuação das primeiras.
§2º Após o prazo fixado no parágrafo único do art. 7º da Lei nº 11.668, de 2008, serão considerados extintos, de pleno direito, todos os contratos firmados sem prévio procedimento licitatório pela ECT com as Agências de Correios Franqueadas. (Redação dada pelo Decreto nº 6.805, de 2009)."

Nesse ínterim é que se registram as observações de Klein, analisando a Lei nº 11.668/2008, e de Nester, analisando o Decreto nº 6.639/2008:

> O que regras tais como as previstas nos arts. 7º e 10º da Lei nº 11.668/08 (que são objeto da ADI nº 4.155), bem como as disposições do art. 42 da Lei nº 8.987/95 desde sua redação original determinam, é que sejam apurados e liquidados os deveres dos atuais delegatários e realizadas as avaliações e estudos necessários para a formatação do modelo de delegação a ser implantado. Ou seja, consistem em regras que disciplinam justamente a extinção das outorgas. Por isso, contra elas, não se aplicam as construções doutrinárias e a jurisprudência existente a respeito da impossibilidade de renovação ou de prorrogação de contratos de concessão.
>
> Além disso, essas regras apenas traduzem a disciplina constitucional sobre a matéria. Independente da legislação ordinária específica, o texto constitucional veda a extinção das outorgas sem que sejam observados os direitos dos atuais delegatários e cumpridas rigorosamente todas as etapas para a realização de licitação.
>
> (Klein, 2008:5-6)

> Não consta do Decreto nº 6.639/08 nenhum dispositivo destinado a disciplinar a situação dos atuais delegatários das atividades auxiliares ao serviço postal, que tenham realizado investimentos ao longo do tempo e têm o direito de ser indenizados pelo que ainda não foi amortizado [...]
>
> (Nester, 2008)

Já quanto aos contratos do grupo (ii), aduz o art. 4º, I[34] da Lei nº 11.668/2008, que dispõe sobre as cláusulas essenciais

---

[34] "Art. 4º. São cláusulas essenciais do contrato de franquia postal, respeitadas as disposições desta Lei, as relativas:
I – ao objeto, à localização do estabelecimento da pessoa jurídica franqueada *e ao prazo de vigência, que será de 10 (dez) anos, podendo ser renovado, por 1 (uma) vez, por igual período*" (grifos nossos).

do contrato de franquia postal, que o prazo será de 10 anos, prorrogáveis uma vez por igual período.

AS ATIVIDADES QUE PODEM SER DESEMPENHADAS PELO PARTICULAR FRANQUEADO

A Lei nº 11.668/2008 limitou as atividades que podem ser desempenhadas pelo particular franqueado às atividades auxiliares relativas ao serviço postal, como dispõe seu art. 1º, §1º.[35] Como se trata de dispositivo que denota conteúdo de certa forma indeterminado, o Decreto nº 6.639/2008 definiu o que deve ser entendido por "atividades auxiliares relativas ao serviço postal" em seu art. 2º.[36]

---

[35] "Art. 1º. O exercício pelas pessoas jurídicas de direito privado da atividade de franquia postal passa a ser regulado por esta Lei.
§1º Sem prejuízo de suas atribuições, responsabilidades e da ampliação de sua rede própria, a Empresa Brasileira de Correios e Telégrafos — ECT poderá utilizar o instituto da franquia de que trata o *caput* deste artigo para desempenhar atividades auxiliares relativas ao serviço postal, observado o disposto no §3º do art. 2º da Lei nº 6.538, de 22 de junho de 1978."
Aproveita-se para conferir o seguinte artigo da Lei nº 6.538/1978 citado acima:
"Art. 2º. O serviço postal e o serviço de telegrama são explorados pela União, através de empresa pública vinculada ao Ministério das Comunicações.
[...]
§3º A empresa exploradora dos serviços, atendendo a conveniências técnicas e econômicas, e sem prejuízo de suas atribuições e responsabilidades, pode celebrar contratos e convênios objetivando assegurar a prestação dos serviços, mediante autorização do Ministério das Comunicações".
[36] "Art.2º. A implantação e a manutenção da atividade de franquia postal será realizada, exclusivamente, pela Empresa Brasileira de Correios e Telégrafos — ECT, sob a supervisão do Ministério das Comunicações, na forma da Lei nº 6.538, de 22 de junho de 1978, e deste Decreto, no desempenho de atividades auxiliares relativas ao serviço postal, consoante o disposto no §1º do art. 1º da Lei nº 11.668, de 2 de maio de 2008.
§1º As atividades auxiliares relativas ao serviço postal consistem na venda de produtos e serviços disponibilizados pela ECT, incluindo a produção ou preparação de objeto de correspondência, valores e encomendas, que antecedem o recebimento desses postados pela ECT, para posterior distribuição e entrega aos destinatários finais. (Redação dada pelo Decreto nº 6.805, de 2009)
§2º As atividades de recebimento, expedição, transporte e entrega de objetos de correspondência, valores e encomendas, inerentes à prestação dos serviços postais, não se

Breve relato dos argumentos desenvolvidos na ADI nº 4.155 e na ADI nº 4.437

Há duas ações diretas de inconstitucionalidade concernentes ao tema que merecem registro. A ADI nº 4.155, proposta pelo procurador-geral da República, visa a declarar inconstitucionais o art. 7º[37] e o art. 10[38] da Lei nº 11.668/2008. O pedido de inconstitucionalidade escora-se nos argumentos a seguir sintetizados:

---

confundem com as atividades auxiliares relativas ao serviço postal, não podendo ser objeto do contrato de franquia.

§3º Para os fins do disposto neste artigo, considera-se:
I – Agência de Correios Franqueada — AGF: pessoa jurídica de direito privado, selecionada em procedimento licitatório específico e contratada pela ECT para o desempenho da atividade de franquia postal;
II – atividade de franquia postal: execução das atividades auxiliares relativas ao serviço postal;
III – recebimento: ato pelo qual os objetos de correspondência, valores e encomendas são colocados sob a responsabilidade da ECT para a prestação dos serviços postais;
IV – expedição: atividade que visa a consolidação dos objetos de correspondência, valores e encomendas recebidos para serem encaminhados aos respectivos destinos;
V – transporte: encaminhamento dos objetos de correspondência, valores e encomendas recebidos aos respectivos destinos; e
VI – entrega: atividade de fazer chegar o objeto postal ou a mensagem telegráfica ao destinatário ou ao endereço indicado, ou, ainda, ao remetente, no caso de devolução de objeto postal.
§4º O desempenho das atividades de que trata o caput observará as disposições deste Decreto, as normas legais pertinentes, as normas do Ministério das Comunicações, os atos administrativos normativos da ECT, o edital de licitação e o contrato de franquia.
§5º Para os fins do disposto no caput, deverão ser observadas, subsidiariamente, no que couber, as disposições das Leis nºs 8.666, de 21 de junho de 1993, 8.955, de 15 de dezembro de 1994, 10.406, de 10 de janeiro de 2002, e da legislação federal conexa."
[37] "Art.7º. Até que entrem em vigor os contratos de franquia postal celebrados de acordo com o estabelecido nesta Lei, continuarão com eficácia aqueles firmados com as Agências de Correios Franqueadas que estiverem em vigor em 27 de novembro de 2007.
Parágrafo único. A ECT terá o prazo máximo de 24 (vinte e quatro) meses, a contar da data da publicação da regulamentação desta Lei, editada pelo Poder Executivo, para concluir todas as contratações mencionadas neste artigo."
[38] "Art.10. Fica revogado o §1º do art. 1º da Lei nº 9.074, de 7 de julho de 1995."

- o art. 175[39] da CF/88 determina a necessidade de licitação prévia à concessão ou permissão da prestação de serviços públicos;
- o postulado da adequação dos serviços, conjugado ao caráter essencial das prestações, deveria ser posto em conjunção com a exigência de licitação;
- transcorreu prazo suficiente ao levantamento das condições próprias para a organização dos procedimentos licitatórios pertinentes;
- o advento da Lei nº 11.668 evidenciou a perpetuação de um estado de temporariedade que acabou se tornando permanente pela subsequência de prorrogações;
- a manutenção da prestação de tais serviços públicos por empresas que não se submeteram à licitação angaria prejuízos: à administração (onerada pelo cumprimento de cláusulas econômicas que não foram produzidas num ambiente de livre competição, bem como no que toca à perfeição do serviço prestado, pois os critérios técnicos, do mesmo modo, também não foram avaliados); aos usuários (por ligação evidente com a qualidade da prestação do serviço); e aos particulares que poderiam pretender executar tal tarefa, impedidos de competir pela contratação.

Noticia-se ainda que o ministro relator da ADI, Eros Roberto Grau, despachou no sentido de não atender ao pleito do procurador-geral da República para que fosse concedida medida cautelar, afetando seu julgamento a decisão definitiva, bem como já admitiu, considerada a relevância do tema, a participação de interessados na condição de *amicus curiae*.

---

[39] "Art. 175. Incumbe ao Poder Público, na forma da lei, diretamente ou sob regime de concessão ou permissão, *sempre através de licitação*, a prestação de serviços públicos" (grifos nossos).

Além desta ação direta de inconstitucionalidade, recentemente foi proposta a ADI nº 4.437. De autoria da Associação Nacional das Franquias Postais do Brasil, a referida ADI tem por objeto artigos do Decreto nº 6.639/2008, que regulamenta a atividade de franquia postal.

O e-STF noticiou a propositura da ação, destacando os dispositivos que tem por objeto e os argumentos de que se pretende valer a associação autora para ter seu pleito reconhecido:[40]

> A Associação Nacional das Franquias Postais do Brasil quer suspender licitações para contratação de serviços complementares de correio em todo país. A entidade ajuizou uma Ação Direta de Inconstitucionalidade (ADI 4.437) no Supremo Tribunal Federal (STF), contestando dispositivos do Decreto 6.639/2008, que regulamenta a atividade de franquia postal.
>
> Os dispositivos questionados tratam da exclusividade da Empresa Brasileira de Correios e Telégrafos (ECT) para a implantação e manutenção de franquias postais no país. Porém, permitem à ECT contratar a Agência de Correios Franqueada (AGF), uma empresa privada para desempenho da atividade de franquia postal.
>
> A associação questiona o inciso I, parágrafo 3º do art. 2º do decreto, bem como os artigos 4º e 5º da mesma norma legal, que autorizam as licitações e tratam da escolha da vencedora com base nos critérios de melhor proposta técnica, com preço fixado no edital.
>
> Segundo a entidade, a norma questionada extrapolou sua função de ato regulamentador, criando um novo modelo de franquia sem qualquer base ou estudo de viabilidade. Argumenta que em decorrência da criação desse novo modelo foi necessário

---

[40] Disponível em: <www.stf.jus.br/portal/cms/verNoticiaDetalhe.asp?idConteudo=156857>. Acesso em: 29 jul. 2010.

extinguir a relação jurídica e os contratos anteriores, além do modelo de franquia existente até então — das Agências de Correios Franqueadas (ACF).

A associação argumenta ainda que os dispositivos do decreto atropelaram princípios constitucionais como legalidade, igualdade, livre iniciativa e livre exercício do trabalho, além do ato jurídico perfeito, direito adquirido e princípios provenientes da teoria geral dos contratos.

O decreto contestado alterou a Lei n° 11.668/2008, que dispõe sobre o exercício da atividade de franquia postal. Alega que a mudança não poderia alterar a natureza jurídica do contrato de franquia postal, que tem causa e conteúdo próprio.

Pedido

Em caráter preliminar a associação pede que o STF reconheça sua legitimidade para propor Ação Direta de Inconstitucionalidade perante a Corte. Em seguida, a entidade pede a suspensão, com efeito retroativo (*ex tunc*) do inciso I, parágrafo 3° do artigo 2° e os artigos 4° e 5° do Decreto n° 6.639/2008.

A associação pede ainda que, em caráter cautelar, sejam suspensas as licitações para as franquias postais em todo o país ou que pelo menos sejam suspensos os editais de licitação na modalidade concorrência. Tais editais seriam para a contratação, instalação e operação de Agências de Correios Franqueadas (AGF) por pessoas jurídicas de direito privado, sob o regime de franquia postal.

Por fim, a associação requer que seja suspensa a eficácia do artigo 9° do decreto impugnado. O dispositivo estipula o prazo de 24 meses, a partir de 10 de novembro de 2008, para a ECT concluir todas as licitações para a contratação das AGFs. Estabelece ainda a extinção dos contratos anteriores firmados com as Agências de Correios Franqueadas (ACF), cujas instalações se encontrem nas áreas de atuação das primeiras. No mérito a entidade pede a confirmação da liminar.

Questões de automonitoramento

1. Após ler o material, você é capaz de resumir o caso gerador do capítulo 7, identificando as partes envolvidas, os problemas atinentes e as soluções cabíveis?
2. Quais são as vantagens e desvantagens que permeiam o contrato de franquia?
3. Sob quais modalidades pode ser concebido o contrato de franquia pública? Quais as características que diferenciam tais modalidades entre si?
4. Correlacione a adoção do contrato de franquia com as novas perspectivas do Estado atual?
5. Pense e descreva, mentalmente, outras alternativas para a solução do caso gerador do capítulo 7.

2

Contrato de concessão de florestas

Roteiro de estudo

Introdução

O instituto da concessão florestal tem por finalidade a criação de mecanismos que visem à preservação do meio ambiente e à exploração sustentável das florestas, além de coibir o desmatamento ilegal e a degradação do meio ambiente. Esse instituto representa uma vertente de pensamento típica do direito administrativo moderno, expressando a noção de consensualidade, sendo, pois, um instrumento de parceria entre o Estado e a sociedade, com a aplicação do princípio da realidade e do desenvolvimento sustentável. Essa ideia de parceria, na visão pós-moderna de Estado, vem destacada por Estorninho (1996:247-252): "É preciso ter presente a evolução [...] que conduziu à passagem da Administração autoritária ou agressiva, para a Administração de prestação ou constitutiva".

Sobre o consensualismo, assim expõe Oliveira (2005:172):

> Conforme aludiu-se *supra*, é a expansão do consensualismo administrativo que confere novos usos à categoria jurídica contrato no setor público. E em virtude da amplitude desse fenômeno, defende-se a existência de um módulo consensual da administração pública, o qual englobaria todos os ajustes — não somente o contrato administrativo — passíveis de serem empregados pela administração pública na consecução de suas atividades e atingimento de seus fins.

Ressalte-se, por oportuno, que o Brasil possui um vasto patrimônio ambiental, de imensas dimensões, o que muitas vezes dificulta sua proteção por parte do poder público. Foi neste contexto que veio a lume a Lei nº 11.284/2006, tentando organizar mecanismos que possibilitarão, de um lado, a preservação do patrimônio natural e, de outro, a dinamização de suas variadas potencialidades socioeconômicas.

Certo afirmar, neste passo, que a concessão florestal surgiu como instrumento que possibilitará a exploração sustentável dos produtos florestais, sem deixar de lado a função de preservação e proteção ao meio ambiente.[41] Vale dizer: a formalização

---

[41] A primeira concessão de florestas do Brasil foi realizada no estado de Rondônia. Confira-se a reportagem:

"Brasília – A primeira área pública a ser licitada para concessão fica na Floresta Nacional (Flona) do Jamari, em Rondônia. A unidade de conservação do Jamari tem 220 mil hectares de extensão, dos quais 90 mil hectares serão alvo da concessão. O anúncio foi feito hoje (21) pelo Ministério do Meio Ambiente, pelo Instituto Brasileiro do Meio Ambiente e dos Recursos Naturais Renováveis (Ibama) e pelo Serviço Florestal Brasileiro (SFB). O SFB, órgão encarregado de gerenciar a atividade, foi criado com a Lei de Gestão de Florestas, regulamentada em março. Hoje também é o último dia de consulta pública sobre parâmetros para a exploração dessas áreas. A exploração da floresta prevê pagamento pelo usos dos recursos naturais e manejo sustentável, que é retirar do local uma quantidade de produtos que não prejudiquem sua recuperação. Dentro dos 90 mil hectares podem ser explorados madeira, frutos, sementes, resinas, óleos etc.

de um contrato com o particular para exploração das florestas brasileiras, atribuindo um maior grau de controle e segurança jurídica na exploração dos recursos naturais.

A instituição da gestão de florestas não é novidade brasileira; mesmo nos países de maior tradição no tratamento das questões ambientais, como é o caso da França, observa-se a preocupação em estabelecer a disciplina dos regimes de autorização para manejo florestal, voltado ao atendimento de princípios jurídicos, conservando a administração um conjunto de atribuições bem definidas.

Constitucionalidade da Lei nº 11.284/2006

Controlar a constitucionalidade de uma lei é verificar a adequação do diploma legal à Constituição, tendo por objeto a preservação da rigidez e da supremacia desta.

Numa primeira visão, o intérprete poderia crer que a Lei de Concessão de Florestas estaria maculada pelo vício da inconstitucionalidade por ofensa direta ao inciso XVII do art. 49 da Constituição da República, vez que a Carta Magna teria estipulado que a alienação ou concessão de terras públicas com área superior a 2,5 mil hectares deveria ser autorizada pelo Congresso Nacional.

Também serão permitidas atividades de serviços como turismo ecológico. Cada hectare corresponde, aproximadamente, a um campo de futebol. A licitação irá levar em conta os critérios de preço e técnica, sendo que o segundo item fica com o peso maior. Assim, quem oferecer o melhor preço não necessariamente será o vencedor do processo. Os critérios técnicos estão divididos em maior benefício social, menor impacto ambiental, maior eficiência e maior agregação de valor local. Danificar o menor número de árvores e criar o maior número de empregos diretos, por exemplo, são itens que podem fazer a diferença na pontuação entre os concorrentes. A concessão de florestas públicas pode ser liberada por um período que vai de cinco a 40 anos. Cada unidade de manejo terá um vencedor único e distinto. Podem participar das licitações empresas brasileiras, independentemente da origem do capital, desde que estejam instaladas no país. A área do Jamari será dividida em lotes de pequeno, médio e grande porte, que serão licitados separadamente e com regras distintas. A intenção é que assim produtores de diferentes escalas tenham acesso, de acordo com o Ministério do Meio Ambiente.

Art. 49. É da competência exclusiva do Congresso Nacional: XVII – aprovar, previamente, a alienação ou concessão de terras públicas com área superior a dois mil e quinhentos hectares.

No entanto, a Constituição, em diversos dispositivos, distingue a propriedade do solo da circulação de seus acessórios. Em outras palavras, uma coisa é a alienação da propriedade de terras públicas — que demandaria pelo atendimento do disposto no art. 49, inciso VII, da CF/88; outra é a transferência da ex-

---

A ministra do Meio Ambiente, Marina Silva, afirma que a possibilidade de explorar as florestas associada ao manejo viabiliza o ordenamento territorial e põe fim à grilagem (venda ilegal de terras): 'As pessoas faziam grilagem, se apropriavam dos recursos públicos sem que isso significasse nenhum benefício para o país e para as populações locais. Da forma como está sendo feito nós temos critérios que são econômicos, sociais e ambientais para que se possa ganhar uma licitação de um desses lotes'. Dos recursos arrecadados, 30% vão para a fiscalização e monitoramento do processo. Os outros 70% serão destinados ao Instituto Chico Mendes, ao Fundo Nacional de Desenvolvimento Florestal, e ao estado e ao município onde esteja localizada a área licitada. O contrato de concessão da Floresta Nacional do Jamari tem assinatura prevista para março. Antes, serão divulgados o pré-edital e o edital, e em 9 e 10 de outubro haverá audiências públicas. Segundo o presidente do Serviço Florestal Brasileiro, Tasso Azevedo, a Flona Jamari está localizada em uma das áreas de maior pressão para desmatamento, sendo assim considerada prioritária para concessão florestal". Disponível em: <www.agenciabrasil.gov.br/noticias/2007/09/21/materia.2007-09-21.0331650647/view>. Acesso em: 2 ago. 2010.
Em 10 de junho de 2010, o Serviço Florestal do Ministério do Meio Ambiente concluiu a concorrência para concessão florestal no Pará, como se vê da seguinte notícia:
"O Serviço Florestal Brasileiro concluiu no dia 9 de junho o julgamento das propostas da concorrência para concessão de Unidades de Manejo Florestal (UMFs) na Floresta Nacional (Flona) Saracá-Taquera, no oeste do Pará. As empresas vencedoras propuseram pagar valores cerca de 25% maior do que o preço mínimo sugerido pelo Serviço Florestal pelo direito de manejar produtos madeireiros e não madeireiros. Para a definição dos vencedores são usados critérios de técnica e preço. Os critérios técnicos avaliam indicadores socioambientais, como maior benefício social, menor impacto ambiental, maior eficiência e maior agregação de valor local. As concorrentes podem somar até 600 pontos em critérios técnicos e 400 pontos no quesito preço. A empresa Ebata — Produtos Florestais Ltda. ofereceu a melhor proposta para a UMF2, cuja área é de 30 mil hectares. Ela se comprometeu a pagar R$ 1.798.685 anuais pela exploração sustentável da Unidade — um valor quase 25% maior do que o mínimo exigido pelo Serviço Florestal. No quesito de critérios técnicos, a Ebata propôs, por exemplo, investir anualmente R$ 306.642,80 em infraestrutura e serviços para as comunidades das regiões próximas à UMF2.

ploração dos produtos acessórios extraídos do solo. Confira-se, a propósito, o teor do seu art. 176, que disciplina a exploração dos recursos minerais:

> Art. 176. As jazidas, em lavra ou não, e demais recursos minerais e os potenciais de energia hidráulica constituem propriedade distinta da do solo, para efeito de exploração ou aproveitamento, e pertencem à União, *garantida ao concessionário a propriedade do produto da lavra* [grifos nossos].

Ademais, o próprio Código Civil de 2002, em seu art. 1.230, é claro ao separar, da propriedade do solo, as jazidas de exploração mineral:

Para a UMF3, com 18.794 mil hectares de dimensão, a melhor proposta foi da Golf Indústria e Comércio de Madeiras Ltda. Ela ofertou R$ 1.092.908 anuais — o que representa ágio de aproximadamente 25% sobre o preço mínimo. A Golf se dispôs a aplicar R$ 180.422,40 em infraestrutura e serviços para as comunidades das regiões abrangidas pela UMF3. Os valores pagos anualmente pelas empresas terão reajustes anuais segundo o IPCA/IBGE (Índice Nacional de Preços ao Consumidor Amplo). As duas vencedoras são empresas do estado do Pará".
"'Esse resultado demonstra a adequação do modelo adotado para gestão de florestas no país. O ágio sobre o preço mínimo indica a valorização do recurso florestal e os investimentos diretos em serviços para as comunidades da região serão uma parte do retorno desse processo para a população do local. O modelo de concessões adotado para o manejo de florestas no Brasil gera benefícios socioambientais sem estar descolado das relações de mercado', avalia Marcelo Arguelles, gerente-executivo de Concessões do Serviço Florestal. Contratos. O processo da licitação deve ser homologado no mês de julho pelo diretor-geral do Serviço Florestal, Antônio Carlos Hummel. Em seguida, os contratos de concessão serão assinados. Por 40 anos, as empresas poderão retirar — com técnicas de manejo florestal — produtos como madeira, óleos, sementes, resinas... Pelo direito de manejar a área, as empresas efetuarão pagamentos anuais, de acordo com a produção. Os recursos arrecadados com a concessão serão empregados na fiscalização, monitoramento e controle das áreas licitadas. Uma parcela de até 30% do montante que for arrecadado com a concessão será destinada ao Serviço Florestal. O restante, pelo menos 70%, será destinado ao Instituto Chico Mendes de Conservação da Biodiversidade (ICMBio) — o gestor da unidade —, ao Fundo Nacional de Desenvolvimento Florestal, ao estado do Pará e aos municípios onde se localizam as áreas manejadas (Faro, Terra Santa e Oriximiná)". Disponível em: <www.florestal.gov.br/>. Acesso em: 2 ago. 2010.

Art. 1.230. A propriedade do solo não abrange as jazidas, minas e demais recursos minerais, os potenciais de energia hidráulica, os monumentos arqueológicos e outros bens referidos por leis especiais.

Parágrafo único. O proprietário do solo tem o direito de explorar os recursos minerais.

Assim, pode-se afirmar que a transferência para o particular da exploração dos produtos florestais não necessita da prévia autorização do Congresso Nacional, tendo em vista a autonomia dos conceitos de propriedade do solo e da exploração de seus acessórios.

Esse é o entendimento de Carvalho Filho (2010:449):

Não nos parece procedente a impugnação. Primeiramente, por que o mandamento constitucional alude à concessão de domínio, que implica a transferência de propriedade, e não à concessão para uso e exploração, como é o caso da concessão florestal. Depois, é diferente o tratamento dispensado pelo ordenamento jurídico à propriedade pública, de um lado, e a seus acessórios, de outro, o que se observa claramente no artigo 176 da CF, a propósito da exploração das riquezas minerais do subsolo.

No mesmo sentido, Freitas (2009b:114): "Uma coisa é o Poder Público alienar a propriedade de terras públicas, outra, completamente diversa, é a transferência da exploração sustentável dos produtos acessórios extraídos do solo".

Tal entendimento foi o que prevaleceu no âmbito do Supremo Tribunal Federal (STF), que consagrou a possibilidade de retomada do processo de concessão da Floresta Nacional do Jamari, em Rondônia, depois do despacho do presidente do STF, ministro Gilmar Mendes, que cassou uma decisão do Tribunal Regional Federal da 1ª Região, sediada em Brasília, que obrigava à União a interromper a licitação já iniciada.[42]

O ministro Gilmar Mendes asseverou que, no caso da referida licitação, não seria necessária a aprovação prévia do Congresso Nacional, como havia determinado a desembargadora Selene Maria de Almeida, do TRF. "Não se pode confundir concessão florestal com concessão dominial. A concessão florestal não implica transferência da posse da terra pública, mas sim a delegação onerosa do direito de praticar o manejo florestal sustentável na área", argumentou o ministro.

Registre-se, ainda, que tem curso no Supremo Tribunal Federal a ADI nº 3.989/DF, cujo objeto é a declaração da inconstitucionalidade parcial, sem redução de texto do art. 10 da Lei nº 11.284/2006, por ofensa ao inciso XVII do art. 49 da Constituição da República, ajuizada pelo PPS.[43]

Também não há vício de inconstitucionalidade formal, visto que a União possui competência para legislar sobre normas gerais de proteção ao meio ambiente, consoante ao que dispõe o inciso VI do art. 24 da Constituição da República:

---

[42] Notícia extraída do site da Empresa Brasil de Comunicação. Disponível em: <www.agenciabrasil.gov.br/noticias/2008/05/08/materia.2008-05-08.3014455896/view>. Acesso em: 2 ago. 2010.

[43] Segundo noticia o site do Supremo Tribunal Federal, esta ADI teve seu último movimento, com o seguinte despacho: "Junte-se após o retorno dos autos da PGR.
2. A Associação Nacional dos Servidores do Ibama — Asibama Nacional requer sua admissão na presente ação direta, na condição de *amicus curiae* (§2º do art. 7º da Lei nº 9.868/99).
3. A presente ação objetiva a declaração de inconstitucionalidade parcial sem redução de texto do disposto no art. 10 da Lei nº 11.284, de 2 de março de 2006, por ofensa ao artigo 49, inciso XVII, da Constituição do Brasil.
4. Em face da relevância da questão e tendo em vista a sua repercussão na ordem pública federal, admito o ingresso da peticionária na presente ação direta, na qualidade de *amicus curiae*. [...]".
Disponível em: <www.stf.jus.br/portal/processo/verProcessoAndamento.asp?incidente =2577429>. Acesso em: 2 ago. 2010.

Art. 24. Compete à União, aos Estados e ao Distrito Federal legislar concorrentemente sobre:
[...]
VI – florestas, caça, pesca, fauna, conservação da natureza, defesa do solo e dos recursos naturais, proteção do *meio ambiente* e controle da poluição [grifos nossos].

Além disso, a Carta Magna atribui ao poder público o dever de proteção ao meio ambiente, por meio da delimitação, em todas as unidades da Federação, de áreas de preservação permanente, tendo por objeto a proteção da fauna e da flora.[44]

O marco regulatório para o setor e a concessão florestal

O advento da Lei nº 11.284/2006 representou o início da criação de um marco regulatório para o setor de preservação das florestas e exploração sustentável de seus produtos, cabendo citar a lição de Schmidt-Assmann (2003:139-140) quanto aos instrumentos diretivos da integração público-privada por meio do direito regulatório ambiental:

> *El Derecho ambiental es uno de los campos donde mejor se ponen de manifiesto la virtualidad y los límites de las técnicas administrati-*

---

[44] Confira-se os mandamentos constitucionais:
"Art. 225. Todos têm direito ao meio ambiente ecologicamente equilibrado, bem de uso comum do povo e essencial à sadia qualidade de vida, impondo-se ao Poder Público e à coletividade o dever de defendê-lo e preservá-lo para as presentes e futuras gerações.
§1º – Para assegurar a efetividade desse direito, incumbe ao Poder Público:
[...]
III – definir, em todas as unidades da Federação, espaços territoriais e seus componentes a serem especialmente protegidos, sendo a alteração e a supressão permitidas somente através de lei, vedada qualquer utilização que comprometa a integridade dos atributos que justifiquem sua proteção; (Regulamento)
[...]
VII – proteger a fauna e a flora, vedadas, na forma da lei, as práticas que coloquem em risco sua função ecológica, provoquem a extinção de espécies ou submetam os animais a crueldade. (Regulamento)"

vas clásicas de aplicación del Derecho. *La temprana constatación, precisamente en este ámbito, del déficit de cumplimiento de la normativa, desató un amplio debate sobre los posibles mecanismos de dirección y control social, es decir, sobre los instrumentos de política ambiental. Desde una perspectiva sistemática, se han desarrollado especialmente, al respecto, modelos de cooperación, que combinan los instrumentos regulatorios de Derecho público y el autocontrol privado, y modelos de dirección o control recursivo (de autocontrol o autorregulación), que pretenden trasladar la responsabilidad ambiental a la esfera de decisión de los agentes privados. La conclusión, más bien de orden práctico, que cabe extraer de este debate es que la dirección y control de las conductas y la ejecución de las normas ya no se pueden entender como actuaciones unilaterales de los poderes públicos, sino que se han de contemplar como un entramado de acuerdos y entendimientos. El fundamento de la dirección y control públicos reside en las interacciones y la infonnación. Sus verdaderas claves suelen encontrarse, por regla general, a un nivel más profundo de lo que da a entender un tratamiento jurídico formal de los mismos. Pero incluso por lo que se refiere a la cuestión de la traducción jurídico-formal de dicha actividad directiva, han ganado notablemente en importancia las técnicas jurídicas de carácter cooperativo, como los convenios, acuer. Dos o la simple colaboración informal. Con tales sistemas de estímulo cabe confiar muchas cosas, en definitiva, al cumplimiento voluntaria de los agentes privados. No obstante, y sin perjuicio de ello, los instrumentos regulatorios (imperativos) siguen siendo irrenunciables. Pese a todos sus problemas de efectividad, se testimonia a través de ellos la responsabilidad de los poderes públicos sobre el conjunto del sector. Las garantías propias del Estado de Derecho que ofrecen estas instrumentos resultan necesarias, sobre todo, en aquellos casos en que las formas de actuación concertadas no alcanzan a cubrir adecuadamente el abanico de intereses afectados o corren el peligro de traducirse en soluciones minimalistas.*

Com efeito, a concessão da exploração dos produtos florestais aos particulares está em consonância com os avanços jurídicos e econômicos e a exploração sustentável do meio ambiente, seguindo as diretrizes traçadas pela Constituição em vigor. O novo instituto tem como uma de suas principais finalidades o enfrentamento do uso desordenado do patrimônio ambiental, de modo a fomentar a exploração racionalizada dos produtos florestais. Nesse ponto, o diploma está em plena consonância com as diretrizes de planejamento traçadas pela Constituição em seu art. 174, das quais o fomento se apresenta como uma de suas principais manifestações, que pode servir como uma importante ferramenta na proteção do meio ambiente. Ocorre que a referida lei entrou em vigor tendo que se compatibilizar com diplomas normativos já existentes, que disciplinavam a gestão das florestas brasileiras. Portanto, resta imperioso cotejar a legislação em vigor com a Lei nº 11.284/2006.

A concessão florestal e o ordenamento jurídico

Em primeiro lugar, a nova lei alterou a Lei nº 10.683/2003, que dispõe sobre a organização da Presidência da República e de seus ministérios.[45]

A Lei nº 4.771/1965 (Código Florestal), em seu art. 19,[46] devidamente atualizado pela Lei de Concessão de Florestas,

---

[45] Alteração da Lei de Organização da Presidência da República e dos Ministérios (Lei nº 10.683/2003)
"Art. 29. Integram a estrutura básica:
[...]
XV – do Ministério do Meio Ambiente o Conselho Nacional do Meio Ambiente, o Conselho Nacional da Amazônia Legal, o Conselho Nacional de Recursos Hídricos, o Conselho de Gestão do Patrimônio Genético, o Conselho Deliberativo do Fundo Nacional do Meio Ambiente, o Serviço Florestal Brasileiro, a Comissão de Gestão de Florestas Públicas e até 5 (cinco) Secretarias. (Redação dada pela Lei nº 11.284, de 2006)"
[46] "Art. 19. A exploração de florestas e formações sucessoras, tanto de domínio público como de domínio privado, dependerá de prévia aprovação pelo órgão estadual competente do Sistema Nacional do Meio Ambiente — Sisnama, bem como da adoção

explicita que a exploração de florestas e formações sucessoras, seja de domínio público ou privado, dependerá de prévia aprovação do órgão estadual competente do Sistema Nacional do Meio Ambiente — Sisnama, bem como da adoção de técnicas de produção, exploração, reposição florestal e manejo compatíveis com os ecossistemas existentes. Ou seja, não se descura dos cuidados típicos de poder de polícia ambiental para a celebração do contrato de concessão.

Em seu §1º, o referido artigo preceitua que compete ao Ibama realizar essa aprovação nas florestas públicas de domínio da União, nas unidades de conservação criadas pela União e nos empreendimentos potencialmente causadores de impacto ambiental nacional ou regional, definidos em resolução do Conselho Nacional do Meio Ambiente (Conama).

Em respeito ao pacto federativo, o §3º atribui competência aos órgãos ambientais municipais quando for disciplinada a exploração de suas florestas.

---

de técnicas de condução, exploração, reposição florestal e manejo compatíveis com os variados ecossistemas que a cobertura arbórea forme. (Redação dada pela Lei nº 11.284, de 2006) (Regulamento)
§1º Compete ao Ibama a aprovação de que trata o *caput* deste artigo: (Redação dada pela Lei nº 11.284, de 2006)
I – nas florestas públicas de domínio da União; (Incluído pela Lei nº 11.284, de 2006)
II – nas unidades de conservação criadas pela União; (Incluído pela Lei nº 11.284, de 2006)
III – nos empreendimentos potencialmente causadores de impacto ambiental nacional ou regional, definidos em resolução do Conselho Nacional do Meio Ambiente — Conama. (Incluído pela Lei nº 11.284, de 2006)
§2º Compete ao órgão ambiental municipal a aprovação de que trata o *caput* deste artigo: (Incluído pela Lei nº 11.284, de 2006)
I – nas florestas públicas de domínio do Município; (Incluído pela Lei nº 11.284, de 2006)
II – nas unidades de conservação criadas pelo Município; (Incluído pela Lei nº 11.284, de 2006)
III – nos casos que lhe forem delegados por convênio ou outro instrumento admissível, ouvidos, quando couber, os órgãos competentes da União, dos Estados e do Distrito Federal. (Incluído pela Lei nº 11.284, de 2006)
§3º No caso de reposição florestal, deverão ser priorizados projetos que contemplem a utilização de espécies nativas. (Incluído pela Lei nº 11.284, de 2006)"

Ressalte-se, aqui, que a nova Lei de Concessão de Florestas deve, também, estar de acordo com as diretrizes traçadas pela Lei nº 9.985/2000[47] (que regulamenta o art. 225, §1º, incisos I, II, III e VII da Constituição Federal, institui o Sistema Nacional de Unidades de Conservação da Natureza e dá outras providências), que estabelece conceitos ambientais importantes, como os de unidade de conservação, manejo florestal, uso sustentável do meio ambiente, entre outros.

De outro lado, a nova lei deve ser interpretada de forma conjunta com o que dispõe o art. 42 do Decreto-Lei nº 227/1967 (Código de Mineração), tendo em vista que o poder público, na mineração, pode, por motivos de preservação do bem público, recusar a sua exploração por particulares. O raciocínio, da mesma forma, deverá ser aplicado nos casos de concessão de florestas. Veja-se o dispositivo paradigma:

> Art. 42. A autorização será recusada, *se a lavra for considerada prejudicial ao bem público* ou comprometer interesses que superem a utilidade da exploração industrial, a juízo do Governo.
>
> Neste último caso, o pesquisador terá direito de receber do Governo a indenização das despesas feitas com os trabalhos de pesquisa, uma vez que haja sido aprovado o Relatório [grifos nossos].

---

[47] Confira-se o teor de alguns incisos do art. 2º da Lei nº 9.985/2000:
"Art. 2º. Para os fins previstos nesta Lei, entende-se por:
I – unidade de conservação: espaço territorial e seus recursos ambientais, incluindo as águas jurisdicionais, com características naturais relevantes, legalmente instituído pelo Poder Público, com objetivos de conservação e limites definidos, sob regime especial de administração, ao qual se aplicam garantias adequadas de proteção;
[...]
VIII – manejo: todo e qualquer procedimento que vise assegurar a conservação da diversidade biológica e dos ecossistemas;
XI – uso sustentável: exploração do ambiente de maneira a garantir a perenidade dos recursos ambientais renováveis e dos processos ecológicos, mantendo a biodiversidade e os demais atributos ecológicos, de forma socialmente justa e economicamente viável".

Não parece que uma lógica diferente possa ser adotada nos casos de concessão de florestas; sob pena de se estar vilipendiando um patrimônio nacional.

A nova lei deverá, também, estar em harmonia com a legislação que trata dos crimes contra o meio ambiente (Lei nº 9.605/1998),[48] que busca reprimir a extração irregular de produtos relacionados com o meio ambiente. Da mesma forma, a Lei de Concessão de Florestas deverá respeitar as terras reservadas aos silvícolas, conforme disposto no art. 18 da Lei nº 6.001/1973 (Estatuto do Índio). Confira-se o dispositivo:

> Art.18. As terras indígenas *não poderão ser objeto de arrendamento ou de qualquer ato ou negócio jurídico que restrinja o pleno exercício da posse direta pela comunidade indígena ou pelos silvícolas.*
>
> §1º Nessas áreas, é vedada a qualquer pessoa estranha aos grupos tribais ou comunidades indígenas a prática da caça, pesca ou coleta de frutos, assim como de atividade agropecuária ou extrativa [grifos nossos].

Por fim, é de se ressaltar a revogação tácita operada pela nova lei ao art. 10 da Lei nº 4.504/1964[49] (Estatuto da Terra). Tal

---

[48] São ilustrativos, os seguintes dispositivos:
"Art. 44. Extrair de florestas de domínio público ou consideradas de preservação permanente, sem prévia autorização, pedra, areia, cal ou qualquer espécie de minerais:
Pena – detenção, de seis meses a um ano, e multa.
[...]
Art. 55. Executar pesquisa, lavra ou extração de recursos minerais sem a competente autorização, permissão, concessão ou licença, ou em desacordo com a obtida:
Pena – detenção, de seis meses a um ano, e multa".
[49] "Art. 10. O Poder Público poderá explorar, direta ou indiretamente, qualquer imóvel rural de sua propriedade, unicamente para fins de pesquisa, experimentação, demonstração e fomento, visando ao desenvolvimento da agricultura, a programas de colonização ou fins educativos de assistência técnica e de readaptação.
§1º Somente se admitirá a existência de imóveis rurais de propriedade pública, com objetivos diversos dos previstos neste artigo, em caráter transitório, desde que não haja viabilidade de transferi-los para a propriedade privada.
[...]"

dispositivo, ao tratar da exploração, pelo poder público, direta ou indiretamente, de qualquer imóvel rural de sua propriedade, unicamente para fins de pesquisa, experimentação, demonstração e fomento, visando ao desenvolvimento da agricultura, a programas de colonização ou fins educativos de assistência técnica e de readaptação, se tornou materialmente incompatível com as novas diretrizes traçadas para a gestão de florestas públicas, isto somado à alteração na própria organização da Presidência da República de seus ministérios.

Tipos de contratos da Lei nº 11.284/2006

A *concessão florestal* constitui delegação onerosa do direito de praticar manejo florestal sustentável para exploração de produtos e serviços numa unidade de manejo, mediante licitação, a pessoa jurídica, em consórcio ou não, que atenda às exigências do respectivo edital de licitação e demonstre capacidade para seu desempenho, por sua conta e risco e por prazo determinado.

Sobre o tema, confiram-se os ensinamentos de Oliveira (2009:196, grifos do autor):

> Recentemente, a legislação introduziu duas novas modalidades de concessão: a) as Parcerias Público-Privadas, previstas na Lei nº 11.079/2004: representam uma nova forma de concessão de serviços públicos, conforme destacado a seguir; a concessão florestal, inserida pela Lei nº 11.284/2006 e regulamentada pelo Decreto nº 6.063/07, que, a rigor, não envolve delegação de serviço público, *mas sim o exercício de atividade econômica com exploração de bens públicos.*

Freitas (2009b:113), sobre esse contrato, assevera que:

> Note-se, porém, que o contrato de concessão florestal se distingue dos demais contratos firmados pela Administração, por

ser uma espécie do gênero contrato de exploração de atividade econômica — como, por exemplo, os contratos de exploração de petróleo e de energia elétrica —, não se equiparando aos tradicionais contratos de concessão de serviços públicos, nem de uso de bens públicos.

Ocorre que esse contrato se apresenta apenas como uma das espécies contratuais previstas na Lei nº 11.184/2006. Já a *concessão de uso florestal* compreende a transferência da posse do bem para o concessionário, por meio de projetos de assentamento florestal, de desenvolvimento sustentável, agroextrativistas ou outros similares, seguindo as diretrizes do Programa Nacional de Reforma Agrária. Confira-se, a propósito, o inciso II do art. 6º da Lei nº 11.284/2006:

> Art. 6º. *Antes* da realização das concessões florestais, as florestas públicas ocupadas ou utilizadas por comunidades locais serão identificadas para a destinação, pelos órgãos competentes, por meio de:
>
> [...]
>
> II – concessão de *uso*, por meio de projetos de assentamento florestal, de desenvolvimento sustentável, agroextrativistas ou outros similares, nos termos do art. 189 da Constituição Federal e das diretrizes do Programa Nacional de Reforma Agrária [grifos nossos].

Por outro lado, o contrato de manejo florestal é caracterizado como um instrumento para que possa ser dada destinação às florestas públicas, possibilitando sua administração para obtenção de benefícios econômicos, sociais e ambientais, respeitando-se os mecanismos de sustentação do ecossistema objeto do manejo e considerando-se, cumulativa ou alternativamente, a utilização de múltiplas espécies madeireiras, de múltiplos produtos e subprodutos não madeireiros, bem como a utilização de outros bens e serviços de natureza florestal. Estas são, pois, as espécies contratuais previstas no novo diploma.

Das etapas para a licitação e concessão

Para que se possa realizar o contrato de concessão de florestas, impõe-se ao administrador público um procedimento vinculado, que começa — consoante a determinação do art. 29 do Decreto nº 6.063/2007, que regulamenta, no âmbito federal, dispositivos da Lei nº 11.284, de 2 de março de 2006 — com a identificação da unidade de manejo.

Após, deve ser o procedimento instruído com a manifestação da Secretaria de Patrimônio da União, consoante o disposto no art. 10, §2º, da Lei nº 11.284/2006, culminado com a autorização para a celebração do contrato. Confira-se o dispositivo:

> Art. 10. O Plano Anual de Outorga Florestal — Paof, proposto pelo órgão gestor e definido pelo poder concedente, conterá a descrição de todas as florestas públicas a serem submetidas a processos de concessão no ano em que vigorar.
>
> [...]
>
> §2º A inclusão de áreas de florestas públicas sob o domínio da União no Paof requer manifestação prévia da Secretaria de Patrimônio da União do Ministério do Planejamento, Orçamento e Gestão.

Tal ato de autorização será fornecido pelo poder concedente, formalizado mediante contrato, que deverá observar as normas pertinentes ao edital de licitação. A publicação do edital de licitação de cada lote de concessão florestal deverá ser precedida de uma audiência pública, por região, realizada pelo órgão gestor, nos termos do regulamento, sem prejuízo de outras formas de consulta pública. O edital de licitação será elaborado pelo poder concedente, observando, naturalmente, as diretrizes traçadas pela Lei nº 8.666/1993, contando como requisitos essenciais:

❑ o objeto, com a descrição dos produtos e dos serviços a serem explorados;
❑ a delimitação da unidade de manejo, com localização e topografia, além de mapas e imagens de satélite e das informações públicas disponíveis sobre a unidade;
❑ os resultados do inventário amostral;
❑ o prazo da concessão e as condições de prorrogação;
❑ a descrição da infraestrutura disponível;
❑ as condições e datas para a realização de visitas de reconhecimento das unidades de manejo e levantamento de dados adicionais;
❑ a descrição das condições necessárias à exploração sustentável dos produtos e serviços florestais.

No julgamento da licitação, a melhor proposta será considerada em razão da combinação dos critérios de maior preço ofertado como pagamento ao poder concedente pela outorga da concessão florestal e da melhor técnica, sendo certo que não caberá contratação direta do concessionário por inexigibilidade. Em relação ao critério de melhor técnica deverão ser avaliados: o menor impacto ambiental, os maiores benefícios sociais diretos, a maior eficiência, a maior agregação de valor ao produto ou serviço florestal na região da concessão.

Cláusulas essenciais ao contrato de concessão

Produtos e serviços florestais

Entre os princípios da gestão de florestas públicas, consoante a determinação do art. 2º, IV, da Lei nº 11.284/2006, cite-se a promoção do processamento local e o incentivo ao incremento da agregação de valor aos produtos e serviços da floresta, bem como à diversificação industrial, ao desenvolvimento tecnológico, à utilização e à capacitação de empreendedores locais e da mão de obra regional.

Os produtos florestais podem ser madeireiros e não madeireiros, gerados pelo manejo florestal. De outro lado, os serviços florestais são caracterizados pela exploração turística das florestas.

Trata-se, a rigor, de operação legitimada, ainda que os produtos não estejam separados do bem principal, consoante dispõe o art. 95 do Código Civil: "Art. 95. Apesar de ainda não separados do bem principal, os frutos e produtos podem ser objeto de negócio jurídico".

Entretanto, nas florestas nacionais, para os fins do disposto no art. 17 da Lei nº 11.284/2006, serão formalizados termos de uso, excluindo do objeto de concessões os produtos de uso tradicional e de subsistência para as comunidades locais, residentes no interior e no entorno das unidades de conservação.

Os produtos florestais deverão ter sua demanda especificada no Plano Anual de Outorga Florestal (Paof), consoante o disposto no inciso III do art. 20 do Decreto nº 6.063/2007:

> Art. 20. O Paof terá o seguinte conteúdo mínimo:
> [...]
> III – identificação da demanda por produtos e serviços florestais.

Ressalve-se, contudo, que, de acordo com o já citado art. 17 da Lei nº 11.284/2006,

> os produtos de uso tradicional e de subsistência para as comunidades locais serão excluídos do objeto da concessão e explicitados no edital, juntamente com a definição das restri-

ções e da responsabilidade pelo manejo das espécies das quais derivam esses produtos, bem como por eventuais prejuízos ao meio ambiente e ao poder concedente.

O Serviço Florestal Brasileiro deverá desenvolver um sistema atualizado de acompanhamento dos preços e outros aspectos do mercado de produtos e serviços florestais.

As patentes sobre os produtos extraídos na concessão de florestas

As pesquisas envolvendo os recursos florestais, recursos naturais não renováveis e recursos hídricos poderão ser desenvolvidas desde que previstas de forma minuciosa no contrato de concessão florestal, possuindo, também, autorização expressa dos órgãos competentes. É o que dispõe o art. 10 do Decreto nº 6.063/2007.

> Art. 10. As atividades de pesquisa envolvendo recursos florestais, recursos naturais não renováveis e recursos hídricos poderão ser desenvolvidas nas florestas públicas mencionadas no art. 9º, desde que compatível com o disposto no contrato de concessão e com as atividades nele autorizadas, e que contem com autorização expressa dos órgãos competentes.

Da mesma forma, o art. 2º, inciso VI, da Lei nº 11.284/2006 estipula como um dos objetivos da Lei de Concessão de Florestas conferir ao concessionário os direitos à exploração dos serviços e produtos florestais, desde que expressamente previstos no contrato de concessão. Confira-se, a propósito, o dispositivo:

> Art. 2º. Constituem princípios da gestão de florestas públicas:
> [...]

VI – a promoção e difusão da pesquisa florestal, faunística e edáfica, relacionada à conservação, à recuperação e ao uso sustentável das florestas.

Vale notar que conferir o direito à exploração não é sinônimo de conferir a posse. Daí a distinção entre os contratos de concessão de florestas e de concessão de uso de bem público.

As personalidades jurídicas da concessionária

A Lei de Concessão de Florestas, em seu art. 6º, §2º,[50] preceitua que as comunidades locais poderão participar das licitações das aéreas de concessão de florestas por meio de associações comunitárias, cooperativas ou outras pessoas jurídicas administrativas em lei.

A referida lei privilegia a participação da pessoas jurídicas constituídas sob as leis brasileiras, que tenham sede e administração do país (art. 19), além de garantir, consoante o mandamento previsto no art. 179 da Constituição, o acesso às concessões florestais por micro e pequenas empresas.[51] É o que dispõe o art. 33 da Lei nº 11.284/2006:

---

[50] Confira-se o dispositivo:
"Art. 6º. Antes da realização das concessões florestais, as florestas públicas ocupadas ou utilizadas por comunidades locais serão identificadas para a destinação, pelos órgãos competentes, por meio de:
[...]
§2º Sem prejuízo das formas de destinação previstas no *caput* deste artigo, as comunidades locais poderão participar das licitações previstas no Capítulo IV deste Título, por meio de associações comunitárias, cooperativas ou outras pessoas jurídicas admitidas em lei".
[51] Sobre a necessidade da implementação de tratamento diferenciado às microempresas para que seja assegurado o princípio da isonomia, são os ensinamentos de Justen Filho (2007:20): "Em outras palavras, não é cabível questionar a validade de medidas legislativas que assegurem tratamento preferencial para pequenas empresas mediante o argumento da infração à isonomia. A Constituição adotou a orientação de que benefícios restritos às pequenas empresas é uma solução destinada a promover a isonomia: pequenas empresas devem ser protegidas legislativamente como meio de compensar a insuficiência de sua capacidade econômica para competir com as grandes empresas".

Art. 33. Para fins de garantir o direito de acesso às concessões florestais por pessoas jurídicas de pequeno porte, micro e médias empresas, serão definidos no Paof, nos termos de regulamento, lotes de concessão, contendo várias unidades de manejo de tamanhos diversos, estabelecidos com base em critérios técnicos, que deverão considerar as condições e as necessidades do setor florestal, as peculiaridades regionais, a estrutura das cadeias produtivas, as infraestruturas locais e o acesso aos mercados.

Também se deve admitir a participação das organizações sociais (Lei nº 9.637/1998) e das organizações da sociedade civil de interesse público (Lei nº 9.790/1999), desde que os respectivos objetivos sociais e estatutários sejam atendidos.

Da mesma forma, deve ser admitida a instituição de sociedade de propósito específico para a exploração do contrato de concessão de florestas.

Tal formatação societária tem como característica principal funcionar por um período determinado de tempo e com o único objetivo. Por conta dessas características, serve de instrumento essencial em processos de parcerias com a iniciativa privada, notadamente para a adequação de meios funcionais para a proteção do desenvolvimento sustentável; daí por que Freitas (2009b:120) assevera:

Não há, pois, qualquer margem de dúvida acerca da vantajosidade da criação de uma SPE, em parceria com o Poder Público, para o desenvolvimento da atividade das concessões florestais, pois com a criação de uma pessoa jurídica autônoma ocorrerá a segregação dos riscos do empreendimento. Tal espécie de empreendimento apresenta-se oportuno, ainda, pela estabilidade do vínculo, eis que, diferentemente do que ocorre com o convênio, onde predomina a informalidade na desconstituição do pacto, com a denúncia, a extinção societária corresponde a um processo mais dificultoso, que possibilita a estabilidade do projeto. Some-se a isso a possibilidade da prática de negócios jurídicos em nome próprio, o que facilita, sobretudo, o desenvolvimento das atividades negociais da entidade criada. Destarte, esta modalidade de empreendimento pode se mostrar mais adequada para a exploração dos produtos florestais.

Por todo o exposto, parece ser essa formatação societária a que se mostra a mais adequada para a concessão do direito de praticar manejo florestal sustentável, para exploração de produtos e serviços numa unidade de manejo.

Responsabilidade pelos danos causados ao meio ambiente

A Constituição da República previu, em seu art. 225,[52] que todos têm direito a um meio ambiente ecologicamente equilibrado, e que o poder público deverá fazer o possível para preservá-lo e protegê-lo para as presentes e futuras gerações.

A responsabilidade por dano ambiental também está prevista no §1º do art. 14[53] da Lei nº 6.938/1981 (que dispõe sobre a política nacional do meio ambiente), onde se fixa o caráter objetivo, dispensando, pois, a prova de culpa.

---

[52] Veja-se o dispositivo:
"Art. 225. Todos têm direito ao meio ambiente ecologicamente equilibrado, bem de uso comum do povo e essencial à sadia qualidade de vida, impondo-se ao poder público e à coletividade o dever de defendê-lo e preservá-lo para as presentes e futuras gerações".
[53] Confira-se o dispositivo:
"Art. 14. Sem prejuízo das penalidades definidas pela legislação federal, estadual e municipal, o não cumprimento das medidas necessárias à preservação ou correção dos inconvenientes e danos causados pela degradação da qualidade ambiental sujeitará os transgressores:
[...]
§1º Sem obstar a aplicação das penalidades previstas neste artigo, é o poluidor obrigado, independentemente da existência de culpa, a indenizar ou reparar os danos causados ao meio ambiente e a terceiros, afetados por sua atividade. O Ministério Público da União e dos Estados terá legitimidade para propor ação de responsabilidade civil e criminal, por danos causados ao meio ambiente".

Como o legislador infraconstitucional considerou irrelevante a perquirição da culpa do agente quando da prática de lesão ao patrimônio ecológico, é necessário, apenas, que esteja comprovada a existência do dano ambiental e o respectivo nexo de causalidade com a conduta do agente provocador. Sobre a caracterização da responsabilidade por danos ao meio ambiente, leciona Leme Machado (2006:336-337):

> A responsabilidade objetiva ambiental significa que quem danificar o ambiente tem o dever jurídico de repará-lo. Presente, pois, o binômio dano/reparação. Não se pergunta a razão da degradação para que haja o dever de indenizar e/ou reparar. A responsabilidade sem culpa tem incidência na indenização ou na reparação dos "danos causados ao meio ambiente e aos terceiros afetados por sua atividade" (art. 14, §1º, da Lei nº 6.938/81). Não interessa que tipo de obra ou atividade seja exercida pelo que degrada, pois não há necessidade de que ela apresente risco ou seja perigosa. Procura-se quem foi atingido e, se for o meio ambiente e o homem, inicia-se o processo lógico-jurídico da imputação civil objetiva ambiental. Só depois é que se entrará na fase do estabelecimento do nexo de causalidade entre a ação ou omissão e o dano. É contra o Direito enriquecer-se ou ter lucro à custa da degradação do meio ambiente.

Nesse sentido, é a jurisprudência do egrégio Superior Tribunal de Justiça que, ao julgar o REsp nº 578.797/RS,[54] entendeu que deve ser atribuída responsabilidade objetiva ao agente que realizou o corte de árvores em área de proteção ambiental:

---

[54] REsp nº 578797/RS (2003/0162662-00). Rel. Min. Luiz Fux (1122). Órgão julgador: T1 — Primeira Turma. Data do julgamento: 5-8-2004. Publicação: DJ de 20-9-2004, p. 196.

Dano ambiental. Corte de árvores nativas em área de proteção ambiental. Responsabilidade objetiva.

1. Controvérsia adstrita à legalidade da imposição de multa, por danos causados ao meio ambiente, com respaldo na responsabilidade objetiva, consubstanciada no corte de árvores nativas.

2. A Lei de Política Nacional do Meio Ambiente (Lei nº 6.938/81) adotou a sistemática da responsabilidade civil objetiva (art. 14, parágrafo 1º) e foi integralmente recepcionada pela ordem jurídica atual, de sorte que é irrelevante e impertinente a discussão da conduta do agente (culpa ou dolo) para atribuição do dever de indenizar.

3. A adoção pela lei da responsabilidade civil objetiva, significou apreciável avanço no combate a devastação do meio ambiente, uma vez que, sob esse sistema, não se leva em conta, subjetivamente, a conduta do causador do dano, mas a ocorrência do resultado prejudicial ao homem e ao ambiente. Assim sendo, para que se observe a obrigatoriedade da reparação do dano é suficiente, apenas, que se demonstre o nexo causal entre a lesão infligida ao meio ambiente e a ação ou omissão do responsável pelo dano.

4. O art. 4º, VII, da Lei nº 6.938/81 prevê expressamente o dever do poluidor ou predador de recuperar e/ou indenizar os danos causados, além de possibilitar o reconhecimento da responsabilidade, repise-se, objetiva, do poluidor em indenizar ou reparar os danos causados ao meio ambiente ou aos terceiros afetados por sua atividade, como dito, independentemente da existência de culpa, consoante se infere do art. 14, §1º, da citada lei.

[...]

Ocorre que existe divergência doutrinária acerca de qual teoria de responsabilidade civil objetiva teria sido adotada pela Lei nº 6.938/1981, a saber, a do risco integral e a do risco administrativo. A teoria do risco integral impossibilita a alegação, pelo agente, da exclusão de sua responsabilidade pela ocorrência de caso fortuito ou força maior e pela culpa exclusiva da vítima. Essas excludentes poderiam, em tese, romper o nexo de causalidade entre a conduta do agente e o dano ambiental. O mesmo ocorre na teoria do risco administrativo, na qual se admite que fatores externos à vontade do agente possam ser alegados para a exclusão do nexo de causalidade, culminando com a consequente ausência do dever de reparação. Defendendo uma teoria do risco administrativo moderada, recorre-se, mais uma vez, às lições de Leme Machado (2006:354-355):

O local onde está instalada uma usina nuclear é atingido por um terremoto. Esse seria o fato necessário, como afirma o art. 393 do Código Civil Brasileiro. Como efeito do terremoto constata-se vazamento radioativo e consequente irradiação, lesando e matando pessoas.

Não é de se aplicar a isenção de responsabilidade de forma automática. Deverá ser analisada a forma de escolha do local, constatando se houve estudo sísmico da área. Se a área está sujeita, com maior probabilidade que outras áreas, a abalos sísmicos, ao se instalar nessa área o empreendedor não poderá beneficiar-se da excludente de responsabilidade. Também deverão ser avaliadas as medidas tomadas para serem evitados danos em decorrência de um possível terremoto. Se as medidas necessárias para evitar o vazamento radioativo não foram previamente tomadas, não houve o uso dos meios para evitar ou impedir os efeitos nocivos ocorridos. Nesses casos não pode ser reconhecida a liberação da responsabilidade civil ambiental.

De forma majoritária, doutrina e jurisprudência pátrias adotam a teoria do risco administrativo para se alcançar a responsabilização pelo dano ambiental, devendo o risco do empreendimento ser assumido pela sociedade empresarial que explora a atividade econômica.

Como a Lei de Concessão de Florestas (Lei nº 11.284/2006) tem como principal finalidade compatibilizar a preservação do meio ambiente com a exploração sustentável da floresta, além de estabelecer condições que permitam a diminuição da degradação ambiental, vários dispositivos obrigam o concessionário a prevenir e reparar as eventuais lesões ao meio ambiente.

Primeiramente, podem-se citar os incisos do art. 31 da referida lei, que atribuem ao concessionário o dever de evitar e reparar os danos causados ao ecossistema:

> Art. 31. Incumbe ao concessionário:
> [...]
> II – evitar ações ou omissões passíveis de gerar danos ao ecossistema ou a qualquer de seus elementos;
> III – informar imediatamente a autoridade competente no caso de ações ou omissões próprias ou de terceiros ou fatos que acarretem danos ao ecossistema, a qualquer de seus elementos ou às comunidades locais;
> IV – recuperar as áreas degradadas, quando identificado o nexo de causalidade entre suas ações ou omissões e os danos ocorridos, independentemente de culpa ou dolo, sem prejuízo das responsabilidades contratuais, administrativas, civis ou penais.

O inciso I está de acordo com o princípio da prevenção, consagrado no art. 225 da Constituição da República, que atribui ao poder público o dever de adotar políticas preventivas visando à diminuição dos riscos da ocorrência de danos ao meio ambiente.

No mesmo artigo, o inciso IV, estipula como dever do concessionário a recuperação da área degradada e a sua respectiva responsabilização pelos danos causados ao meio ambiente. A recuperação ambiental consiste na reconstituição do *status quo ante*, ou seja, na retomada da situação de equilíbrio ambiental e ecológico que existia antes da conduta lesiva praticada pelo agente poluidor.

No que tange à recuperação, o §5º do art. 44 da Lei de Concessão de Florestas preceitua que o concessionário tem o dever, quando da extinção da concessão, de remover os equipamentos e bens que não sejam objetos de reversão, ficando obrigado a reparar ou a indenizar os danos decorrentes de suas atividades e praticar os atos de recuperação ambiental determinados pelos órgãos competentes. Confira-se o dispositivo:

> Art. 44. Extingue-se a concessão florestal por qualquer das seguintes causas:
>
> [...]
>
> §5º Em qualquer caso de extinção da concessão, o concessionário fará, por sua conta exclusiva, a remoção dos equipamentos e bens que não sejam objetos de reversão, *ficando obrigado a reparar ou indenizar os danos decorrentes de suas atividades e praticar os atos de recuperação ambiental determinados pelos órgãos competentes* [grifos nossos].

Este inciso, em sua segunda parte, está em plena consonância com a Constituição da República, tendo em vista a previsão do art. 225, §3º, desta última, que estipula o dever de responsabilização, em todas as instâncias, pelas condutas e atividades consideradas lesivas ao meio ambiente.

Da mesma forma, o dispositivo da nova lei está de acordo com o inciso VI do art. 4º da Lei nº 6.938/1981, que atribui como objetivo da política nacional do meio ambiente o dever de preservação e restauração do meio ambiente.

Com efeito, pode-se afirmar, também, que a responsabilidade objetiva constante no novo diploma legislativo está de acordo com a responsabilização prevista no §1º do art. 14 da Lei nº 6.938/1981, que possui, da mesma forma, natureza objetiva. Vale, ainda, notar que a Lei de Concessão de Florestas prevê, no §3º do art. 44, que o poder concedente pode, quando da extinção da concessão, executar as garantias contratuais sem prejuízo da responsabilização do concessionário pelos danos causados ao meio ambiente, prevista na Lei nº 6.938, de 1981.

Consagrando a responsabilização pelos danos ambientais como um dos seus principais objetivos, a nova lei, em seu art. 45, estipula que, nos casos de caducidade, o poder concedente realizará a rescisão da concessão e aplicará as sanções contratuais cabíveis, executando suas garantias, sem prejuízo da responsabilidade civil por danos ambientais prevista na Lei nº 6.938, de 31 de agosto de 1981, e das devidas sanções nas esferas administrativa e penal. Confira-se o texto da lei:

> Art. 45. A inexecução total ou parcial do contrato acarretará, a critério do poder concedente, a rescisão da concessão, a aplicação das sanções contratuais e a execução das garantias, sem prejuízo da responsabilidade civil por danos ambientais prevista na Lei nº 6.938, de 31 de agosto de 1981, e das devidas sanções nas esferas administrativa e penal.

Por fim, a referida lei ainda prevê, como causa de aumento de pena, a existência de danos significativos ao meio ambiente, oriundos da utilização falsa, incompleta ou enganosa de informações relativas aos relatórios de impacto ambiental.

Assim, no caso da responsabilização do concessionário da concessão florestal, deve-se aplicar a teoria do risco integral moderada, impedindo a alegação das causas de exclusão da responsabilidade, desde que a sua ocorrência não fosse previsível na relação contratual.

Encargos e juros de mora no contrato de concessão

Em diversas situações o concessionário pode descumprir a obrigação, prevista no contrato de concessão florestal, de realizar o pagamento ao poder concedente pelos produtos auferidos com a venda dos produtos e serviços florestais. Esse inadimplemento contratual autoriza o poder concedente a impor encargos ao concessionário, como penalidade contratual.

Resta, no entanto, saber qual será a taxa de juros que poderá ser aplicada pelo Conselho Diretor do Serviço Florestal. Como se sabe, os juros podem ser considerados frutos civis que remuneram o capital emprestado. No entanto, os juros não possuem apenas uma função econômica, qual seja, a de remuneração do objeto do contrato de mútuo; apresentam-se, também, como um instrumento de política econômica. Nesse sentido, são os ensinamentos de Farias e Rosenvald (2006:410-412):

> Ademais, os juros funcionam como instrumento de política econômica. A variação das taxas para maior ou menor corresponde ao interesse de governos de, respectivamente, reduzir ou estimular a atividade produtiva e controlar a inflação, muitas vezes com perversos resultados sociais, como agravamento do desemprego e miséria.

De outro lado, os juros moratórios são aqueles que oneram o devedor pelo inadimplemento das obrigações pactuadas. Vale dizer, servem de coação para que o devedor cumpra com qualquer obrigação assumida junto ao credor.

Com efeito, o Código Civil de 2002 inovou na matéria, estipulando, em seu art. 406, que quando a taxa de juros não for convencionada, ou quando não for proveniente de lei, serão os juros fixados segundo os critérios adotados para a mora dos pagamentos de impostos devidos à Fazenda Nacional. Confira-se o dispositivo:

> Art. 406. Quando os juros moratórios não forem convencionados, ou o forem sem taxa estipulada, ou quando provierem de determinação da lei, serão fixados segundo a taxa que estiver em vigor para a mora do pagamento de impostos devidos à Fazenda Nacional.

Interpretando tal dispositivo, o Conselho da Justiça Federal (CJF), na I Jornada sobre Direito Civil, elaborou o Enunciado nº 20,[55] no sentido de que não se deve utilizar a taxa referencial do sistema especial de liquidação e custódia (Selic) como índice de apuração dos juros legais. No mesmo sentido é o entendimento de Mattietto (2005:366):

> A taxa Sellc, logo, não se apresenta como critério seguro, muito menos transparente ou de fácil compreensão, que possa ser aplicável às obrigações em geral, mesmo que não se adentre na discussão de sua legalidade e constitucionalidade. Não seria conveniente transpor, para as relações obrigacionais em geral, as agruras da instável política econômica conduzida pelo

---

[55] Enunciado nº 20 do CJF:
"[...]
Art. 406: a taxa de juros moratórios a que se refere o art. 406 é a do art. 161, §1º, do Código Tributário Nacional, ou seja, um por cento ao mês. A utilização da taxa Selic como índice de apuração dos juros legais não é juridicamente segura, porque impede o prévio conhecimento dos juros; não é operacional, porque seu uso será inviável sempre que se calcularem somente juros ou somente correção monetária; é incompatível com a regra do art. 591 do novo Código Civil, que permite apenas a capitalização anual dos juros, e pode ser incompatível com o art. 192, §3º, da Constituição Federal, se resultarem juros reais superiores a doze por cento ao ano".

governo da União, sujeita a pressões de variadas ordens, como o controle da inflação, as injunções da vida política e as que decorrem das crises internacionais. Com tal transposição, seria duramente abalado o valor de segurança das relações jurídicas, sem que, tampouco, fosse prestigiado o valor de justiça. Não bastasse tal inconveniente, a taxa Sellc não abrange apenas juros, incluindo um componente importante de correção monetária, e a sua fixação não segue uma fórmula matemática objetiva, mas é a expressão da vontade política dominante no comando da economia brasileira. Ponderando os fundamentos que levam à rejeição da utilização da taxa Sellc, a saída encontrável no próprio ordenamento para a fixação dos juros legais é a de, combinando o art. 406 do novo Código Civil com o art. 161, §1º, do Código Tributário Nacional, determiná-las em 12% (doze por cento) ao ano, que, malgrado ser uma taxa fixa, é coerente com os arts. 591, 1.187, parágrafo único, II, e 1.336, §1º, da própria lei civil vigente.

No entanto, a Lei nº 9.494, de 10 de setembro de 1997 (que disciplina a aplicação da tutela antecipada contra a Fazenda Pública, altera a Lei nº 7.347, de 24 de julho de 1985, e dá outras providências), estipulou que os juros de mora, nas condenações impostas à Fazenda Pública, abrangendo todos os entes federados — art. 18 da CF/88 —, em relação aos pagamentos devidos a servidores e empregados públicos, não poderão ultrapassar o percentual de 6% ao ano:

> Art. 1º-F. Nas condenações impostas à Fazenda Pública, independentemente de sua natureza e para fins de atualização monetária, remuneração do capital e compensação da mora, haverá a incidência uma única vez, até o efetivo pagamento, dos índices oficiais de remuneração básica e juros aplicados à caderneta de

poupança (Artigo incluído pela Medida provisória nº 2.180-35, de 24.8.2001 e alterado pela Lei nº 11.960/2009).

Mister se faz observar que, nos termos do Informativo nº 457,[56] o Supremo Tribunal Federal deu provimento ao recurso extraordinário RE 453.740/RJ, declarando a constitucionalidade de art. 1º-F da Lei nº 9.494/1997, pelos seguintes fundamentos:

> Débitos da Fazenda Pública e Juros de Mora – 4
> Em conclusão de julgamento, o Tribunal, por maioria, deu provimento a recurso extraordinário e declarou a constitucionalidade do art. 1º-F da Lei 9.494/97, introduzido pela Medida Provisória 2.225-45/2001, que estabelece que "os juros de mora, nas condenações impostas à Fazenda Pública para pagamento de verbas remuneratórias devidas a servidores e empregados públicos, não poderá ultrapassar o percentual de 6% ao ano". Na espécie, impugnava-se acórdão da Turma Recursal dos Juizados Especiais Federais da Seção Judiciária do Rio de Janeiro que, aplicando seu Enunciado 32, condenara a União ao pagamento integral do resíduo de 3,17% sobre os vencimentos dos servidores públicos federais, acrescidos de juros de 1% ao mês, ao fundamento de que o dispositivo em questão fere o princípio constitucional da isonomia – v. Informativo 436. Salientando-se que o conceito da isonomia, aplicado à hipótese do recurso, é relacional, exigindo modelos de comparação e de justificação, entendeu-se não haver discriminação entre credores da Fazenda Pública, haja vista que os débitos desta, em regra, são pagos com taxa de juros moratórios de 6% ao ano, a exemplo do que ocorre na desapropriação, nos títulos da dívida pública e na

---

[56] Informativo nº 457. Débitos da Fazenda Pública e Juros de Mora – 4. RE 453740/RJ. Rel. Min. Gilmar Mendes. Julgamento em 28-2-2007. (RE-453740). Disponível em: <www.stf.jus.br//arquivo/informativo/documento/informativo457.htm>. Acesso em: set. 2010.

composição dos precatórios. Destacou-se exceção a essa regra, citando-se o indébito tributário, em relação ao qual aplica-se o disposto no art. 161, §1º, do Código Tributário Nacional, c/c o art. 39, §4º, da Lei 9.250/95. Esclareceu-se que a Fazenda Pública, no caso do indébito, remunera de modo mais vantajoso, porque, quando exige o pagamento, também o faz de forma mais elevada, tratando-se, portanto, de reciprocidade que vincula a cobrança à dívida. Vencidos os Ministros Cármen Lúcia, Carlos Britto, Marco Aurélio e Sepúlveda Pertence que negavam provimento ao recurso.

Cumpre registrar, por relevante, que esse artigo não foi revogado pelo Código Civil de 2002, uma vez que a lei posterior não tratou da mesma matéria de forma idêntica, não havendo a ab-rogação do conteúdo da norma, no que tange aos pagamentos de verbas remuneratórias devidas aos servidores públicos.

Como os juros devem ser pactuados pelas partes e incorporados ao contrato, cabendo ao Serviço Florestal a fixação das condições iniciais do ajuste, como verdadeiro regulador do contrato, pode-se afirmar que o seu Conselho Diretor (do Serviço Florestal) poderá, combinando o art. 406 do novo Código Civil com o art. 161, §1º, do Código Tributário Nacional, determinar a taxa de juros em 12 ao ano, no caso de descumprimentos contratuais praticados pelo concessionário.

Extinção da concessão

Um contrato de concessão florestal poderá ser extinto pelas seguintes causas: esgotamento do prazo contratual; rescisão; anulação; falência ou extinção do concessionário ou falecimento ou incapacidade do titular, no caso de empresa individual; desistência e devolução, por opção do concessionário, do objeto da concessão. A extinção da concessão autoriza, independentemente de notificação prévia, a ocupação das instalações e a utilização, pelo titular da floresta pública, de todos os bens reversíveis. É o que preceitua o art. 43 do Decreto n⁰ 6.063/2007:

> Art. 43. Os bens reversíveis, que retornam ao titular da floresta pública após a extinção da concessão, serão definidos no edital de licitação e deverão incluir pelo menos:
> I – demarcação da unidade de manejo;
> II – infraestrutura de acesso;
> III – cercas, aceiros e porteiras; e
> IV – construções e instalações permanentes.

No caso de a extinção da concessão ocorrer por rescisão, falência do contratado ou desistência da concessão, fica autorizado o poder concedente a executar as garantias contratuais, sem prejuízo da responsabilidade civil por danos ambientais.

De outro lado, a concessão poderá ser rescindida por iniciativa do concessionário, no caso de descumprimento das normas contratuais pelo poder concedente, mediante ação judicial especialmente intentada para esse fim.

O §1⁰ do art. 45 da Lei n⁰ 11.184/2006 trata da rescisão unilateral pelo poder concedente, nos termos seguintes:

> Art. 45. [...]
> §1⁰ A rescisão da concessão poderá ser efetuada unilateralmente pelo poder concedente, quando:
> I – o concessionário descumprir cláusulas contratuais ou disposições legais e regulamentares concernentes à concessão;
> II – o concessionário descumprir o PMFS, de forma que afete elementos essenciais de proteção do meio ambiente e a sustentabilidade da atividade;
> III – o concessionário paralisar a execução do PMFS por prazo maior que o previsto em contrato, ressalvadas as hipóteses

decorrentes de caso fortuito ou força maior, ou as que, com anuência do órgão gestor, visem à proteção ambiental;

IV – descumprimento, total ou parcial, da obrigação de pagamento dos preços florestais;

V – o concessionário perder as condições econômicas, técnicas ou operacionais para manter a regular execução do PMFS;

VI – o concessionário não cumprir as penalidades impostas por infrações, nos devidos prazos;

VII – o concessionário não atender a notificação do órgão gestor no sentido de regularizar o exercício de suas atividades;

VIII – o concessionário for condenado em sentença transitada em julgado por crime contra o meio ambiente ou a ordem tributária, ou por crime previdenciário;

IX – ocorrer fato superveniente de relevante interesse público que justifique a rescisão, mediante lei autorizativa específica, com indenização das parcelas de investimento ainda não amortizadas vinculadas aos bens reversíveis que tenham sido realizados;

X – o concessionário submeter trabalhadores a condições degradantes de trabalho ou análogas à de escravo ou explorar o trabalho de crianças e adolescentes.

Registre-se, por fim, que a rescisão do contrato de concessão deverá ser precedida de processo administrativo, assegurado o direito de ampla defesa e contraditório, com os recursos a ela inerentes, consoante determinação constitucional.

Conclusões

A gestão privada de florestas públicas é instrumento de concretização não apenas do princípio da prevenção ambiental como do princípio do desenvolvimento sustentável, promovendo o adequado manejo do ambiente, viabilizando a promoção do desenvolvimento e a ocupação ordenada do patrimônio ambiental, até então fragilizada pela ausência de instrumentos suficientes e adequados para a repressão das diversas ilegalidades cometidas sem o conhecimento ou possibilidade de impedimento por parte do poder público.

A natureza da concessão de florestas é de contrato da administração — um contrato de direito econômico — e não de contrato administrativo. A consequência desse enquadramento é a de nele não se poder fazer uso de cláusulas exorbitantes.

Questões de automonitoramento

1. Após ler o material, você é capaz de resumir o caso gerador, identificando as partes envolvidas, os problemas atinentes e as soluções cabíveis?

2. Diante do exposto, você é capaz de responder quais são os tipos de contratos previstos na Lei de Concessão de Florestas?

3. Quais são as etapas a serem observadas para a celebração de um contrato de concessão florestal?

4. Consoante a previsão do ornamento jurídico pátrio sobre a responsabilidade civil por danos ao meio ambiente, qual o tipo de responsabilidade prevista na Lei nº 11.284/2006?

5. Em sua opinião, o contrato de concessão florestal seria um contrato administrativo, com as respectivas cláusulas exorbitantes?

6. Quem deve definir a taxa de juros a ser aplicada no caso de descumprimento, pelo concessionário, das obrigações previstas no contrato de concessão florestal?

7. Enumere as causas de extinção da concessão e suas respectivas consequências.

8. Pense e descreva, mentalmente, alternativas para a solução do caso gerador do capítulo 7.

3

Contratações no setor de saneamento ambiental

Roteiro de estudo

Introdução

A Lei Federal nº 11.445/2007, também conhecida como Lei Nacional do Saneamento Básico (LNSB), estabeleceu as diretrizes nacionais para a prestação do serviço de saneamento básico, tema repleto de controvérsias entre os entes da Federação. As diretrizes traçadas pela nova lei dizem respeito a todas as espécies de saneamento, quais sejam: o abastecimento de água potável; esgotamento sanitário; limpeza urbana e manejo de resíduos sólidos; drenagem e manejo das águas pluviais urbanas. Para tanto, fixou princípios de desenvolvimento da gestão de tais serviços.

Princípios

Princípio da universalização do acesso

O princípio da universalização do saneamento básico vem exigir um acesso efetivo da população às condições mínimas de salubridade. É uma decorrência natural do princípio da dignidade da pessoa humana, que deve pautar a prestação desse serviço público. Nesse sentido são os ensinamentos de Mukai (2007:15):

> O princípio fundamental da universalização do acesso decorre dos direitos fundamentais da pessoa humana, à vida, à saúde e ao saneamento ambiental acolhidos na Constituição Federal de 1988. Expressa o direito de todo ser humano, em qualquer ponto do território nacional, ter acesso efetivo aos serviços públicos de saneamento básico e o dever do Poder Público de assegurá-lo concretamente. Trata-se de direito fundamental de natureza social que exige prestação ativa por parte do Poder Público para seu atendimento.

Ademais, esse princípio — com base em uma noção de solidariedade e contemplado na Lei nº 11.445/2007 — autoriza a cobrança de tarifas sociais com o objetivo de evitar a suspensão dos serviços por inadimplência dos usuários (usuários e localidades de menor capacidade econômica). Prevê, também, mecanismos que garantem à concessionária condições de atendimento a objetivos sociais, como a preservação da saúde pública, o adequado atendimento dos usuários de menor renda e a proteção do meio ambiente. Para tanto, permite o estabelecimento de uma quantidade mínima de consumo e, consequentemente, a cobrança de uma tarifa mínima, nos termos dos incisos III e IV do art. 30 da lei em tela. Confira-se o dispositivo:

> Art. 30. Observado o disposto no art. 29 desta Lei, a estrutura de remuneração e cobrança dos serviços públicos de saneamento básico poderá levar em consideração os seguintes fatores:
> [...]

III – quantidade mínima de consumo ou de utilização do serviço, visando à garantia de objetivos sociais, como a preservação da saúde pública, o adequado atendimento dos usuários de menor renda e a proteção do meio ambiente;

IV – custo mínimo necessário para disponibilidade do serviço em quantidade e qualidade adequadas.

Princípio da integralidade

O princípio da integralidade é o conjunto de todas as atividades e componentes de cada um dos diversos serviços de saneamento básico, propiciando à população o acesso ao serviço na conformidade de suas necessidades e maximizando a eficácia das suas ações e resultados, atuando qualitativamente como um vetor para o aumento da eficácia na prestação desses serviços. Daí por que se pode afirmar que o princípio da integralidade dos serviços de saneamento está intimamente relacionado com os princípios da eficiência (art. 37 da CF/88) e da economicidade (art. 70 da CF/88), pois corresponde a uma vertente qualitativa do princípio da universalização. Sobre o tema, confiram-se os ensinamentos de Alochio (2007:7, grifo do autor):

A integralidade significa o conjunto de todas as atividades e componentes de cada um dos diversos serviços de saneamento básico. Desta feita, pode-se proporcionar à população o acesso aos serviços de acordo com suas necessidades, maximizando a eficácia das ações e dos resultados que se pretendem alcançar. Ao lado da universalidade, a título quantitativo, o Princípio da integralidade atuará *qualitativamente*, no que se pretende um vetor para o acesso a todos os serviços: de saneamento eficientes. Enquanto a universalidade diz respeito aos usuários (a quantidade de pessoas capazes de acessar o saneamento), a integralidade diz respeito aos próprios serviços de saneamento (preferencialmente, que todas as espécies de saneamento possam ser acessadas por todos os usuários "na conformidade de suas necessidades").

Assim, pode-se afirmar que o aumento da eficácia das ações e dos resultados dos serviços de saneamento básico justifica a gestão regionalizada dos serviços, realizando, assim, uma maior integração entre os entes federados.

Princípio da eficiência

O princípio da eficiência, como um dos princípios norteadores da atividade administrativa (art. 37, *caput*, da CF/88), exige que os serviços de saneamento básico sejam prestados com a utilização de tecnologias apropriadas, considerando a capacidade de pagamento dos usuários e a adoção de soluções graduais e progressivas, visando, assim, ao melhor atendimento aos usuários. Nesse sentido, confiram-se os ensinamentos de Mukai (2007:18):

> A eficiência, como um dos princípios fundamentais, exige que os serviços de saneamento básico sejam prestados com a melhor qualidade técnica, os melhores métodos, processos e insumos, o menor custo e no menor tempo de modo que se alcance a eficácia das ações e resultados, inclusive com o melhor atendimento aos usuários dos serviços.

Para o atendimento de tal desiderato, o inciso V do art. 2º da Lei nº 11.445/2007[57] preceitua que os serviços de saneamento

---

[57] "Art. 2º. Os serviços públicos de saneamento básico serão prestados com base nos seguintes princípios fundamentais:
[...]
V – adoção de métodos, técnicas e processos que considerem as peculiaridades locais e regionais."

devem observar a adoção de métodos, técnicas e processos que considerem as peculiaridades locais e regionais. Vale dizer: essa regionalização dos serviços de saneamento visa a impedir a criação de planos de saneamento urbano copiados ou reproduzidos indiscriminadamente em diversas entidades da Federação,[58] porquanto a prestação de tais serviços transforma-se em um direito subjetivo público, sendo facultado, inclusive, que, dentro da reserva do possível e das limitações orçamentárias, o cumprimento desses planos seja exigido por meio de prestações jurisdicionais.

Princípio da sustentabilidade econômica

Os serviços públicos de saneamento básico terão a sustentabilidade econômico-financeira assegurada, sempre que possível, mediante remuneração pela cobrança dos seguintes serviços:

❑ de abastecimento de água e esgotamento sanitário, preferencialmente na forma de tarifas e outros preços públicos, que poderão ser estabelecidos para cada um dos serviços ou para ambos conjuntamente;

❑ de limpeza urbana e manejo de resíduos sólidos urbanos na forma de taxas ou tarifas e outros preços públicos, em conformidade com o regime de prestação do serviço ou de suas atividades;

❑ de manejo de águas pluviais urbanas, por meio de tributos, inclusive taxas, em conformidade com o regime de prestação do serviço ou de suas atividades (art. 29 da LNSB).

---

[58] Tanto é verdade que em diversos locais do país já estão sendo elaborados planos locais e regionais de saneamento básico, como no estado do Piauí, onde têm curso estudos, realizados pelo Instituto Brasileiro de Administração Municipal (Ibam), para elaboração de planos que possibilitem a integração e a prestação dos serviços de saneamento e a gestão integrada de resíduos sólidos. (Informação obtida da conferência de Marcos Paulo de Araújo, realizada no dia 11 de dezembro de 2008, na Reunião mensal do Instituto de Direito Administrativo do Estado do Rio de Janeiro – Idaerj.)

Cumpre registrar, por oportuno, que, de acordo com o §2º do art. 29 da LNSB, "poderão ser adotados subsídios tarifários e não tarifários para os usuários e localidades que não tenham capacidade de pagamento ou escala econômica suficiente para cobrir o custo integral dos serviços", propiciando-se, assim, a universalização dos serviços.

Não obstante a preocupação com a solidariedade na remuneração da prestação dos serviços de saneamento, a mesma lei previu, em seu art. 40, V, a possibilidade de interrupção da prestação dos serviços de saneamento no caso de inadimplemento do usuário:

> Art. 40. Os serviços poderão ser interrompidos pelo prestador nas seguintes hipóteses:
>
> I – situações de emergência que atinjam a segurança de pessoas e bens;
>
> II – necessidade de efetuar reparos, modificações ou melhorias de qualquer natureza nos sistemas;
>
> III – negativa do usuário em permitir a instalação de dispositivo de leitura de água consumida, após ter sido previamente notificado a respeito;
>
> IV – manipulação indevida de qualquer tubulação, medidor ou outra instalação do prestador, por parte do usuário; e
>
> V – inadimplemento do usuário do serviço de abastecimento de água, do pagamento das tarifas, após ter sido formalmente notificado.

A questão da possibilidade de interrupção da prestação dos serviços públicos pela inadimplência dos usuários não é nova no cenário jurídico brasileiro.

O art. 6º, §3º, inciso II, da Lei nº 8.987/1995 (Lei de Concessões de Serviços Públicos) já previa, expressamente, que os serviços poderão ser cortados por inadimplência dos usuários. Veja-se o dispositivo:

Art. 6º. Toda concessão ou permissão pressupõe a prestação de serviço adequado ao pleno atendimento dos usuários, conforme estabelecido nesta Lei, nas normas pertinentes e no respectivo contrato.

[...]

§3º Não se caracteriza como descontinuidade do serviço a sua interrupção em situação de emergência ou após prévio aviso, quando:
I – motivada por razões de ordem técnica ou de segurança das instalações; e,
II – por inadimplemento do usuário, considerado o interesse da coletividade.

Por outro lado, o Código de Defesa do Consumidor, em seu art. 22, determina que "os órgãos públicos, por si ou suas empresas, concessionárias, permissionárias ou sob qualquer outra forma de empreendimento, são obrigados a fornecer serviços adequados, eficientes, seguros e, quanto aos essenciais, contínuos".

Logo, a questão a ser enfrentada é de se saber a forma como será compatibilizada a possibilidade de interrupção dos serviços por inadimplemento dos usuários, prevista na Lei de Concessões, com a determinação de prestação contínua dos serviços essenciais, consagrada pelo diploma consumerista.

Num primeiro momento, o Superior Tribunal de Justiça entendia ser ilegal a interrupção do fornecimento de serviços públicos essenciais, ainda que inadimplente fosse o consumidor, em decorrência do disposto no Código de Defesa do Consumidor.

Num segundo momento, mudando seu posicionamento, o STJ, em diversos julgados,[59] consagrou o entendimento de que

---

[59] Confira-se, por exemplo, a ementa do REsp nº 960259/RJ: "Processual civil e administrativo. Energia elétrica. Inadimplência. Corte sem aviso prévio. Indenização por danos morais. Revisão do valor. Súmulas 7 e 211/STJ e 284/STF.

é possível o corte do fornecimento dos serviços essenciais, remunerados por tarifas quando houver inadimplência, desde que o referido corte seja precedido de aviso. Segundo este tribunal, cumprida essa exigência, a interrupção não violaria o Código de Defesa do Consumidor.

Atualmente, a referida corte superior parece ter atingido um posicionamento intermediário, admitindo a interrupção da prestação de serviços públicos, nos casos de inadimplência do usuário, desde que a lógica econômica do contrato de concessão não se sobreponha a direitos e garantias fundamentais.[60]

---

1. O recurso especial não enseja conhecimento quando a parte não especifica o vício que inquina o aresto recorrido, limitando-se a fazer alegações genéricas de omissão no julgado. Incidência, por analogia, da Súmula 284/STF.
2. As questões federais articuladas pela parte, sem a emissão de carga decisória pelo acórdão recorrido, não obstante a oposição dos embargos aclaratórios, atraem a incidência da Súmula 211/STJ, que obsta o conhecimento do apelo.
3. 'A interrupção do fornecimento de energia elétrica por inadimplemento não configura descontinuidade da prestação do serviço público' (Corte Especial, AgRg na SLS 216/RN, DJU de 10-4-2006).
4. Se a concessionária não comunicou previamente à usuária que suspenderia o fornecimento de energia elétrica ante a situação de inadimplência, como determina a lei, mostra-se ilegítimo o corte, por infringência ao disposto no artigo 6º, §3º, II, da Lei nº 8.987/95.
5. A reavaliação do *quantum* arbitrado a título de reparação por danos morais é possível somente nos casos em que se afigure exorbitante ou irrisório. Precedentes de ambas as Turmas de Direito Público.
6. Recurso especial conhecido em parte e não provido."
Recurso Especial nº 960.259/RJ (2007/0135293-9). Julgamento: 6-9-2007.

[60] Vale conferir, por relevante, o atual posicionamento do Superior Tribunal de Justiça: "Administrativo. Recurso Especial. Direito do consumidor. Ausência de pagamento de tarifa de água. Interrupção do fornecimento. Corte. Impossibilidade. Arts. 22 e 42 da Lei nº 8.078/90 (Código de Proteção e Defesa do Consumidor). Hospital. Serviço essencial à população. Precedentes.

1. Recurso especial interposto contra acórdão que considerou legal o corte no fornecimento de água em virtude de falta de pagamento de contas atrasadas.
2. Não resulta em se reconhecer como legítimo o ato administrativo praticado pela empresa concessionária fornecedora de água e consistente na interrupção de seus serviços, em face de ausência de pagamento de fatura vencida. A água é, na atualidade, um bem essencial à população, constituindo-se serviço público indispensável, subordinado ao princípio da continuidade de sua prestação, pelo que se torna impossível a sua interrupção.

3. O art. 22 do Código de Proteção e Defesa do Consumidor assevera que 'os órgãos públicos, por si ou suas empresas, concessionárias, permissionárias ou sob qualquer outra forma de empreendimento, são obrigados a fornecer serviços adequados, eficientes, seguros e, quanto aos essenciais, contínuos'. O seu parágrafo único expõe que, 'nos casos de descumprimento, total ou parcial, das obrigações referidas neste artigo, serão as pessoas jurídicas compelidas a cumpri-las e a reparar os danos causados na forma prevista neste código'. Já o art. 42 do mesmo diploma legal não permite, na cobrança de débitos, que o devedor seja exposto ao ridículo, nem que seja submetido a qualquer tipo de constrangimento ou ameaça. Tais dispositivos aplicam-se às empresas concessionárias de serviço público.

4. Não há de se prestigiar atuação da Justiça privada no Brasil, especialmente, quando exercida por credor econômica e financeiramente mais forte, em largas proporções, do que o devedor. Afrontaria, se fosse admitido, os princípios constitucionais da inocência presumida e da ampla defesa. O direito de o cidadão se utilizar dos serviços públicos essenciais para a sua vida em sociedade deve ser interpretado com vistas a beneficiar a quem deles se utiliza.

5. Esse o entendimento deste Relator.

6. Posição assumida pela ampla maioria da 1ª Seção deste Sodalício no sentido de que "é lícito à concessionária interromper o fornecimento de energia elétrica, se, após aviso prévio, o consumidor de energia elétrica permanecer inadimplente no pagamento da respectiva conta (Lei nº 8.987/95, art. 6º, §3º, II)'. (REsp nº 363943/MG, 1ª Seção. Rel. Min. Humberto Gomes de Barros. *DJ* de 1-3-2004). No mesmo sentido: EREsp nº 337965/MG. 1ª Seção, Rel. Min. Luiz Fux, *DJ* de 8-11-2004; REsp nº 123444/SP, 2ª T., Rel. Min João Otávio de Noronha, *DJ* de 14-2-2005; REsp nº 600937/RS, 1ª T., Rel. p/Acórdão, Min. Francisco Falcão, *DJ* de 8-11-2004; REsp nº 623322/PR, 1ª T., Rel. Min. Luiz Fux, *DJ* de 30-9-2004.

7. No entanto, a jurisprudência predominante vem decidindo que: – 'o corte não pode ocorrer de maneira indiscriminada, de forma a afetar áreas cuja falta de energia colocaria em demasiado perigo a população, como ruas, hospitais e escolas públicas' (REsp nº 594095/MG, 2ª Turma, Rel. Min. João Otávio de Noronha, *DJ* de 19-3-2007); – 'no caso dos autos, pretende a recorrente o corte no fornecimento de energia elétrica do único hospital público da região, o que se mostra inadmissível em face da essencialidade do serviço prestado pela ora recorrida. Nesse caso, o corte da energia elétrica não traria apenas desconforto ao usuário inadimplente, mas verdadeiro risco à vida de dependentes dos serviços médicos e hospitalares daquele hospital público. O art. 6º, §3º, inciso II, da Lei nº 8.987/95 estabelece que é possível o corte do fornecimento de energia desde que considerado o interesse da coletividade. Logo, não há que se proceder ao corte de utilidades básicas de um hospital, como requer o recorrente, quando existem outros meios jurídicos legais para buscar a tutela jurisdicional' (REsp nº 876723/PR, 2ª Turma, Rel. Min. Humberto Martins, *DJ* de 5-2-2007); – 'a interrupção do fornecimento de energia, caso efetivada, implicaria sobrepor, na cadeia de valores tutelados pelo ordenamento jurídico, o contrato de concessão à vida humana e à integridade física dos pacientes. O interesse coletivo que autoriza a solução de continuidade do serviço deve ser relativizado em favor do interesse público maior: a proteção da vida' (REsp nº 621435/SP, 1ª Turma, Relª Minª Denise Arruda, *DJ* de 19-10-2006); – 'tratando-se de pessoa jurídica de direito público, prevalece nesta Corte a tese de que o corte de energia é possível (Lei nº 9.427/96, art. 17, parágrafo único), desde que não aconteça indiscriminadamente, preservando-se as unidades públicas essenciais, como hospitais, pronto-socorros, escolas e creches' (REsp nº 654818/RJ, 1ª Turma, Relª Minª Denise Arruda, *DJ* de 19-10-2006); – 'é lícito à concessionária interromper o fornecimento de

Nesse passo, pode-se afirmar que a Lei Nacional do Saneamento Básico reflete a solidez das discussões jurisprudenciais, realizando uma importante ponderação dos interesses envolvidos na questão.[61]

No entanto, cumpre ressalvar, que, em recente decisão, o Superior Tribunal de Justiça, ao julgar o REsp nº 963417/MG,[62] firmou entendimento no sentido de que é indevido o corte do fornecimento de água ou de energia elétrica quando o inadimplemento do consumidor — pessoa física ou jurídica de direito privado ou pessoa jurídica de direito público — advém de contas de consumo relativas a débitos antigos e consolidados, tendo em vista que a concessionária dispõe das vias ordinárias de cobrança para satisfazer tais débitos. Confira-se a ementa:

> Processo civil. Administrativo. Água. Município. Corte no fornecimento. Inadimplemento. Débitos antigos. Impossibilidade. Dissídio pretoriano não-demonstrado.
>
> 1. É indevido o corte do fornecimento de água ou de energia elétrica quando o inadimplemento do consumidor (pessoa física ou jurídica de direito privado ou pessoa jurídica de di-

---

energia elétrica se, após aviso prévio, o Município devedor não solve dívida oriunda de contas geradas pelo consumo de energia. Entretanto, para que não seja considerado ilegítimo, o corte não pode ocorrer de maneira indiscriminada, de forma a afetar áreas cuja falta de energia colocaria em demasiado perigo a população, como as ruas, hospitais e escolas públicas' (REsp nº 682378/RS, 2ª Turma, Rel. Min. João Otávio de Noronha, DJ de 6-6-2006).
8. Recurso especial provido."
Recurso Especial nº 943850 – SP (2007/0088451-6). Primeira Turma. DJ de 13-9-2007, p. 177.

[61] Confira-se, por relevante, o §3º do art. 40 da Lei nº 11.445/2007:
"§3º A interrupção ou a restrição do fornecimento de água por inadimplência a estabelecimentos de saúde, a instituições educacionais e de internação coletiva de pessoas e a usuário residencial de baixa renda beneficiário de tarifa social deverá obedecer a prazos e critérios que preservem condições mínimas de manutenção da saúde das pessoas atingidas".

[62] REsp nº 963417/MG. Recurso Especial 2007/0146097-3. Rel. Min. Castro Meira (1125). Órgão julgador T2 – Segunda Turma. Julgamento: 11-9-2007. Publicação: DJ de 25-9-2007, p. 229.

reito público) advém de contas de consumo relativas a débitos antigos e consolidados, os quais devem ser reivindicados pelas concessionárias pelas vias ordinárias de cobrança, sob pena de infringir o disposto no art. 42 do Código de Defesa do Consumidor, de seguinte teor: "Na cobrança de débitos, o consumidor inadimplente não será exposto a ridículo, nem será submetido a qualquer tipo de constrangimento ou ameaça".

2. Para que reste demonstrado o dissenso pretoriano, faz-se necessário apontar as peculiaridades juridicamente relevantes ao caso e demonstrar que o suporte fático do acórdão recorrido guarda similitude com o dos paradigmas.

3. Recurso especial conhecido em parte e não provido.

Não se pode olvidar, ainda, que a interrupção da prestação dos serviços deve ser orientada pelo princípio da proporcionalidade, comunicando-se, sempre que possível e se existente, à entidade reguladora setorial. Nesse sentido, Araújo (2008:303) afirma:

> Sem prejuízo do exposto, as interrupções programadas serão previamente comunicadas ao órgão regulador e aos usuários. Ademais, a interrupção ou a restrição do fornecimento de água por inadimplência a estabelecimentos de saúde, a instituições educacionais e de internação coletiva de pessoas e a usuário residencial de baixa renda beneficiário da tarifa social deverá obedecer a prazos e critérios que preservem condições mínimas de saúde das pessoas atingidas.

Princípio da transparência nas ações e processos decisórios

O princípio da transparência das ações e processos decisórios exige que o ente titular da competência constitucional para a prestação dos serviços de saneamento possua cadastro de dados e informações, ou seja, que colete e sistematize dados relativos às condições da prestação dos serviços públicos de saneamento básico; que disponibilize estatísticas, indicadores e outras informações relevantes para a caracterização da demanda e da oferta de serviços públicos de saneamento básico; e que, por fim, permita e facilite o monitoramento e avaliação da eficiência e da eficácia da prestação dos serviços de saneamento básico.

Em busca da transparência nas ações relacionadas ao saneamento, o poder público deverá oferecer amplas oportunidades de participação em todas as fases do processo de saneamento básico, assegurando à população a formulação de propostas que visem a promover o desenvolvimento urbano. Sobre o tema, recorra-se, mais uma vez, aos ensinamentos de Mukai (2007:19):

> A transparência das ações nos serviços de saneamento básico consiste, também, em assegurar à população o exercício do direito à participação na formulação, execução, e acompanhamento de planos, programas e projetos de saneamento básico e desenvolvimento urbano, pois promover o saneamento básico é também promover o desenvolvimento urbano e, vice-versa, a promoção deste último pressupõe e exige o saneamento básico como parte integrante e essencial.

Por fim, deve-se ressaltar que os processos decisórios — com base no princípio da transparência — devem ser abertos, públicos e participativos, pautando-se na confiança legítima que o usuário deposita no gestor das políticas de saneamento.

Princípio do controle social

O princípio do controle social decorre da própria necessidade de transparência na prestação dos serviços de saneamento. Em outros termos, a população poderá exercer um controle sobre os procedimentos e decisões tomadas na prestação do serviço de saneamento.

Esse controle será realizado por meio de audiências e de consultas públicas, bem como por órgãos colegiados de caráter consultivo, estaduais, do Distrito Federal e municipais, nos termos do art. 47 da Lei nº 11.445/2007:

Art. 47. O controle social dos serviços públicos de saneamento básico poderá incluir a participação de órgãos colegiados de caráter consultivo, estaduais, do Distrito Federal e municipais, assegurada a representação:

I – dos titulares dos serviços;

II – de órgãos governamentais relacionados ao setor de saneamento básico;

III – dos prestadores de serviços públicos de saneamento básico;

IV – dos usuários de serviços de saneamento básico;

V – de entidades técnicas, organizações da sociedade civil e de defesa do consumidor relacionadas ao setor de saneamento básico.

Daí por que Freitas (2009a:902-916) assevera:

O princípio do controle social decorre da própria necessidade de transparência na prestação dos serviços de saneamento. Em outros termos, a população poderá exercer uma verdadeira fiscalização no desenvolvimento não só das políticas públicas, como da execução do material dos referidos serviços. Trata-se, a rigor, de uma manifestação da democracia material, fundamental quando está em jogo o direito à vida, à saúde e ao meio ambiente saudável. Não se pode conceber que a sociedade, que tem direito ao meio ambiente equilibrado, se contente com a manifestação, apenas, da democracia formal, exercida nas urnas. Ao contrário, torna-se imperiosa, cada vez mais, dentro de um cenário norteado pela consensualidade administrativa, uma participação efetiva na população nas decisões tomadas pela Administração Pública, especialmente em questões vitais, como as aqui tratadas.

Esse controle social se insere no direito de participação da população no processo de gestão democrática das cidades, consagrado definitivamente em diversos dispositivos do Estatuto da Cidade.[63]

Do exercício da titularidade

A repartição das competências materiais para prestação de serviços públicos entre os entes federativos está prevista exaus-

---

[63] Vejam-se os dispositivos da Lei nº 10.257/2001, que regulamenta os arts. 182 e 183 da Constituição Federal, estabelece diretrizes gerais da política urbana e dá outras providências:
"Art. 2º. A política urbana tem por objetivo ordenar o pleno desenvolvimento das funções sociais da cidade e da propriedade urbana, mediante as seguintes diretrizes gerais:
[...]
II – gestão democrática por meio da participação da população e de associações representativas dos vários segmentos da comunidade na formulação, execução e acompanhamento de planos, programas e projetos de desenvolvimento urbano;
[...]
Art. 43. Para garantir a gestão democrática da cidade, deverão ser utilizados, entre outros, os seguintes instrumentos:
I – órgãos colegiados de política urbana, nos níveis nacional, estadual e municipal;
II – debates, audiências e consultas públicas;
III – conferências sobre assuntos de interesse urbano, nos níveis nacional, estadual e municipal;
IV – iniciativa popular de projeto de lei e de planos, programas e projetos de desenvolvimento urbano;
V – (Vetado)
[...]
Art. 45. Os organismos gestores das regiões metropolitanas e aglomerações urbanas incluirão obrigatória e significativa participação da população e de associações representativas dos vários segmentos da comunidade, de modo a garantir o controle direto de suas atividades e o pleno exercício da cidadania".

tivamente na Constituição pelo critério da predominância dos interesses envolvidos, vale dizer, nacional, regional[64] e local.[65]

A questão que vem sendo debatida é se os serviços que integram o saneamento básico são ou não serviços de natureza local, ou se, em determinadas circunstâncias previstas constitucionalmente — como no caso da instituição de regiões metropolitanas pelo estado-membro (art. 25, §3º, da Constituição da República) —, essa competência, superando o interesse local, seria transferida para os estados.[66]

Um primeiro entendimento é no sentido de que todos os serviços integrantes da cadeia de saneamento são de natureza municipal e que nenhuma circunstância poderá alterar a titularidade do município sobre tais serviços. Esse posicionamento é defendido por Silva (2000:155 e segs.) e Silva (1981).

No entanto, os serviços só seriam municipais quando prestados em âmbito estritamente local; do contrário ocorre uma modificação da competência por conta do fato da conurbação, que materializa uma regionalização de interesse. Neste caso, o estado, por lei complementar, delimita o espaço geográfico para o seu provimento, mediante a instituição de uma região metropolitana. Não se trata de avocação ou de usurpação de competência, mas de um fato econômico, social, urbanístico,

---

[64] "Art. 25. Os Estados organizam-se e se regem pelas Constituições e leis que adotarem, observados os princípios desta Constituição.
§1º São reservadas aos Estados as competências que não lhes sejam vedadas por esta Constituição."
[65] "Art. 30. Compete aos Municípios:
[...]
V – organizar e prestar, diretamente ou sob regime de concessão ou permissão, os serviços públicos de interesse local, incluído o de transporte coletivo, que tem caráter essencial;
[...]"
[66] A pesquisa foi retirada do parecer elaborado pelo professor doutor Floriano Marques Neto em consulta formulada pelo Ministério das Cidades e disponível em: <www.bvsde.paho.org/bvsacd/cd63/diretrizes/Floriano7.pdf>. Acesso em: set. 2010.

que demonstra que os interesses em jogo não se isolam ou se limitam a um município. Compartilham esse entendimento, entre outros, Moreira Neto (1999:61 e segs.), Souto (2204a:289) e Barroso (2003b:117).

No entanto, a questão da titularidade da prestação dos serviços do saneamento está sendo discutida no Supremo Tribunal Federal,[67] na Ação Direta de Inconstitucionalidade (ADI 1.842), ajuizada pelo Partido Democrático Trabalhista (PDT), em 1998, contra a Lei Complementar (LC) nº 87/1997, e os arts. 8º a 21 da Lei nº 2.869/1997, ambas do Rio de Janeiro.

A primeira norma (LC nº 87/1997) dispõe sobre a Região Metropolitana do estado, sua composição, organização e gestão, e sobre a microrregião dos Lagos. Define também as funções públicas e serviços de interesse comum metropolitano.

A segunda (Lei nº 2.869/1997) dispõe sobre o regime de prestação do serviço público de transporte ferroviário e metroviário de passageiros e sobre o serviço público de saneamento básico no estado.

Segundo a peça inicial da ação, as normas impugnadas usurpam, em favor do estado do Rio de Janeiro, funções de estrita competência dos municípios que integram a Região Metropolitana, instituída pela lei questionada.

Sustenta, assim, violação dos princípios constitucionais do equilíbrio federativo (arts. 1º, 23, I, e 60, §4º, I), da autonomia municipal (arts. 18 e 29), da não intervenção dos estados em seus municípios (art. 35), das competências municipais (arts. 30, I, V e VII, e 182, §1º) e das competências comuns da União, do estado e dos municípios (arts. 23, VI, e 225).

Alega-se, ainda, que a lei ordinária, por sua vez, dispôs sobre o serviço público de saneamento básico no estado, es-

---

[67] Informações obtidas no site oficial do Supremo Tribunal Federal: <www.stf.gov.br/portal/cms/verNoticiaDetalhe.asp?idConteudo=66535&caixaBusca=N>. Acesso em: 15 abr. 2008.

tabelecendo, inclusive, a política tarifária, tema de manifesta competência e interesse municipal, não se aplicando à hipótese o disposto no §3º do art. 25 da Constituição da República.

Num primeiro momento, o ministro Maurício Corrêa, relator da referida ADI, entendeu válida a instituição da região metropolitana pelos estados, não vislumbrando qualquer inconstitucionalidade da lei complementar. Confira-se trecho do voto:

> Esse agrupamento de municípios, que decorre inicialmente da necessidade física concreta de formação de conglomerado urbano único, não se dá para fins meramente acadêmicos, geográficos ou algo parecido, mas efetivamente para cometer ao Estado a responsabilidade pela implantação de políticas unificadas de prestação de serviços públicos, objetivando ganhar em eficiência e economicidade, considerados os interesses coletivos e não individuais. Os problemas e os interesses de cada núcleo urbano passam a interagir de tal modo que acabam constituindo um sistema socioeconômico integrado, sem que com isso possa admitir-se a ocorrência de violação à autonomia municipal, tendo em vista o comando constitucional autorizador.

De outro lado, e conforme notícia publicada no portal *Âmbito Jurídico.com.br*, em seu voto o ministro Nelson Jobim

discorreu sobre os fundamentos da Região Metropolitana e sobre a prestação dos serviços de saneamento básico. Assentou que os dispositivos impugnados efetivamente transferiram para o Estado parcela da competência executiva e legislativa que pertencem ao município — inclusive a referente ao saneamento básico — sob a justificativa de envolverem interesses comuns ou metropolitanos.

"A questão exige do Supremo, mais do que tudo, sensibilidade política, econômica e social para uma solução que seja constitucionalmente aceitável e que não inviabilize por completo o setor e prejudique o cidadão — usuário do serviço", destacou o presidente. Segundo o ministro, o maior problema, partindo-se da premissa da titularidade municipal ou intermunicipal, é dar solução às relações que se estabeleceram, nos últimos anos, entre municípios e companhias estaduais de saneamento.

[...]

Nelson Jobim ressaltou que as regiões metropolitanas não são entidades políticas autônomas; têm função administrativa e executiva, mas o interesse metropolitano representa o conjunto dos interesses dos municípios numa perspectiva intermunicipal. Acrescentou que o artigo 25, parágrafo 3º da Constituição Federal, que prevê a criação das regiões, só pode ser entendido a partir do princípio federativo e conservando-se a autonomia municipal. Disse, ainda, que o saneamento básico, por se constituir em típico interesse intermunicipal, não pode ser atribuído ao âmbito estadual, sob pena de violação grave à federação e à autonomia dos municípios.

Por fim, o presidente da Corte afirmou que "a competência estadual em matéria de aglutinações municipais se exaure na instituição e na criação de uma estrutura de organização e funcionamento dentro dos critérios trazidos pela Constituição".[68]

Como o julgamento já perdura mais de 10 anos e ainda não foi concluído até o fechamento deste livro, pode-se afirmar que a posição jurisprudencial ainda é incerta.

A Lei nº 11.445/2007 não solucionou tal controvérsia e nem poderia fazê-lo, já que não cabe a lei federal dispor sobre partilha de competências entre entidades federadas. O tema tem sede constitucional, cabendo exclusivamente ao STF a interpretação da Constituição.

---

[68] Disponível em: <www.ambito-juridico.com.br/site/index.php?n_link=visualiza_noticia&id_caderno=20&id_noticia=4142>. Acesso em: set. 2010.

O que a lei pode prever, e assim o faz, é que os titulares dos serviços públicos de saneamento básico poderão delegar a organização, a regulação, a fiscalização e a prestação desses serviços, nos termos do art. 241 da Constituição da República, aos consórcios públicos, disciplinados pela Lei nº 11.107/2005. É o que dispõe, com efeito, o art. 8º da Lei nº 11.445/2007:

Art. 8º. Os titulares dos serviços públicos de saneamento básico poderão delegar a organização, a regulação, a fiscalização e a prestação desses serviços, nos termos do art. 241 da Constituição Federal e da Lei nº 11.107, de 6 de abril de 2005.

Da mesma forma, a lei também prevê que o titular dos serviços formulará a respectiva política pública de saneamento básico, devendo elaborar planos de saneamento básico, prestar diretamente ou autorizar a delegação dos serviços e definir o ente responsável pela sua regulação e fiscalização, bem como os procedimentos de sua atuação; adotando parâmetros para a garantia do atendimento essencial à saúde pública, inclusive quanto ao volume mínimo *per capita* de água para abastecimento público, observadas as normas nacionais relativas à potabilidade da água, além de fixar os direitos e os deveres dos usuários, por meio de contratos.[69]

Prevê, ainda, o referido diploma, que, nos serviços de saneamento básico em que mais de um prestador execute atividade

---

[69] "Art. 11. São condições de validade dos contratos que tenham por objeto a prestação de serviços públicos de saneamento básico:
I – a existência de plano de saneamento básico;
II – a existência de estudo comprovando a viabilidade técnica e econômico-financeira da prestação universal e integral dos serviços, nos termos do respectivo plano de saneamento básico;
III – a existência de normas de regulação que prevejam os meios para o cumprimento das diretrizes desta Lei, incluindo a designação da entidade de regulação e de fiscalização;
IV – a realização prévia de audiência e de consulta públicas sobre o edital de licitação, no caso de concessão, e sobre a minuta do contrato."

interdependente com a dos outros prestadores, sua relação entre estes será disciplinada por um relação contratual diversa, havendo uma única entidade encarregada das funções de regulação e de fiscalização, nos termos do art. 12 da Lei nº 11.445/2007:

Art. 12. Nos serviços públicos de saneamento básico em que mais de um prestador execute atividade interdependente com outra, a relação entre elas deverá ser regulada por contrato e haverá entidade única encarregada das funções de regulação e de fiscalização.

Por fim, cumpre registrar que os entes da Federação, isoladamente ou reunidos em consórcios públicos, poderão instituir fundos, destinando, entre outros recursos, parcelas das receitas dos serviços de saneamento, com o objetivo de propiciar a sua universalização.

Da prestação regionalizada dos serviços públicos

A necessidade de gestão associada decorre da própria natureza do serviço. Dependendo das condições geográficas, o serviço deverá ser prestado a uma determinada região, de forma integrada, com o objetivo de possibilitar a efetividade do serviço, sendo um poderoso instrumento para a universalização dos serviços de saneamento.

Com efeito, a prestação regionalizada de serviços públicos de saneamento básico é caracterizada por um único prestador fornecendo o serviço de saneamento para vários municípios, contíguos ou não; uniformizando a fiscalização e a regulação dos serviços, inclusive de sua remuneração; observando a compatibilidade de planejamento.

Essa possibilidade da associação de municípios para a prestação de serviços de saneamento tem assento no art. 241 da Constituição da República, que assim dispõe:

Art. 241. A União, os Estados, o Distrito Federal e os Municípios disciplinarão por meio de lei os consórcios públicos e os convênios de cooperação entre os entes federados, autorizando a gestão associada de serviços públicos, bem como a transferência total ou parcial de encargos, serviços, pessoal e bens essenciais à continuidade dos serviços transferidos. (Redação dada pela Emenda Constitucional nº 19, de 1998)

Esse tipo de prestação associada de serviços públicos obedecerá às diretrizes traçadas pela Lei nº 11.107/2005 (que dispõe sobre normas gerais de contratação de consórcios públicos e dá outras providências), podendo ser exercida por órgão ou entidade de ente da Federação a que o titular tenha delegado o exercício dessas competências, por meio de convênio de cooperação entre entes federados, ou por consórcio público de direito público integrado pelos titulares dos serviços.

Após a constituição do consórcio público entre os entes municipais, estes poderão delegar os serviços de saneamento a órgão, autarquia, fundação de direito público, consórcio público, empresa pública ou sociedade de economia mista estadual, do Distrito Federal, ou municipal, por meio da celebração de contrato de programa, previsto no art. 13 da Lei nº 11.107/2005.[70] Nesse sentido, confira-se Freitas (2009a:902-916):

Em suma, uma das possibilidades para a gestão de tais ações é no sentido de que os serviços de saneamento sejam prestados por uma entidade com personalidade jurídica própria, que conjugue todos os interesses dos entes municipais envolvidos,

---

[70] "Art. 13. Deverão ser constituídas e reguladas por contrato de programa, como condição de sua validade, as obrigações que um ente da Federação constituir para com outro ente da Federação ou para com consórcio público no âmbito de gestão associada em que haja a prestação de serviços públicos ou a transferência total ou parcial de encargos, serviços, pessoal ou de bens necessários à continuidade dos serviços transferidos. [...]"

exercendo, em última análise, uma ponderação, por meio da regulação, dos interesses em tensão.

Diante do exposto em relação à disputa pela titularidade do serviço — que até o presente ensaio encontra-se em julgamento pelo Supremo Tribunal Federal —, devem ser adotadas medidas que evitem que a população fique sem um serviço público essencial, com manifestos prejuízos ao meio ambiente.

No âmbito do estado do Rio de Janeiro, adotou-se um "termo de reconhecimento recíproco de obrigações", cujo objetivo foi, justamente, viabilizar o atendimento mais célere da população, colocando à sua disposição serviços que, por conta da insegurança jurídica em relação à partilha de competências, não vinha recebendo investimentos. O pacto teve sua orientação calcada no Parecer nº 6/2007, da lavra do procurador do estado (Souto, 2008a:59-77).

Por fim, registre-se que, quando a delegação ocorrer para a iniciativa privada, deverá ser realizada por meio de um contrato de concessão de serviço público, disciplinado pela Lei nº 8.987/1995 ou por uma parceria público-privada, disciplinada pela Lei nº 11.079/2004.

Da regulação dos serviços de saneamento

Como se sabe, são conhecidos os efeitos positivos da regulação dos serviços públicos, como forma de implementar ganhos de eficiência e atendimento universal aos usuários.

No Brasil, antes do advento da nova Lei Nacional do Saneamento Básico existiam alguns mecanismos que, de certa forma, regulavam o setor de saneamento. A principal fonte de regulação era o Plano Nacional de Saneamento Básico (Planasa),[71] que foi

---

[71] Informações obtidas em Cunha et al. (2006).

instituído pelo Banco Nacional de Habitação (BNH), com vistas a disciplinar as relações recíprocas entre os entes federados e as companhias estaduais.

Vale dizer, o modelo regulatório do Planasa combinava a regulação direta pelo poder público nos níveis federal e estadual com a regulação por contrato administrativo entre estados e municípios. No entanto, as companhias estaduais acabavam exercendo atividades autorregulatórias, tendo em vista que os contratos de concessão lhes conferiam certo grau de discricionariedade.

Ocorria que no sistema implementado pelo Planasa estava em aberto o problema da regulação do setor de saneamento em âmbito municipal, uma vez que a maior parte dos municípios brasileiros não aderiu ao plano, ocorrendo uma clara sobreposição entre o papel regulador e a operação, que se encontravam reunidos em um mesmo ente federado.

Nesse passo, pode-se afirmar que o mecanismo regulatório implementado pelo plano federal se deu por meio de contratos administrativos celebrados entre os municípios e as companhias estaduais de saneamento básico.

Sobre a eficácia da regulação por contrato no setor de saneamento básico, vale transcrever trecho do Relatório de Pesquisa nº 10, intitulado "Poder concedente e marco regulatório no saneamento básico",[72] elaborado pela Escola de Direito de São Paulo da Fundação Getulio Vargas:

> A regulação por contrato administrativo, que alguns denominam como regulação do processo, é um mecanismo de regulação bastante eficaz, utilizado por vários países, como é o caso da França. O grau de adaptabilidade às peculiaridades locais que

---

[72] Disponível em: <http://virtualbib.fgv.br/dspace/bitstream/handle/10438/2816/direito%2010.pdf?sequence=1>. Acesso em: set. 2010.

pode ser atingido na regulação por contrato faz com que este seja um sistema adequado ao setor de saneamento básico, no qual as diferenças regionais têm um impacto muito forte sobre a natureza, a qualidade e custo do serviço.

Porém, esta forma de regulação se mostrou, em virtude da insuficiência técnica dos municípios e do grau de descentralização dos serviços de saneamento no Brasil, consideravelmente ineficiente no longo prazo.

Nesse diapasão, a Lei Federal nº 11.445/2007, em seu art. 21, estabeleceu diretrizes para o exercício das funções de regulação no setor de saneamento. Confira-se o dispositivo:

Art. 21. O exercício da função de regulação atenderá aos seguintes princípios:
I – independência decisória, incluindo autonomia administrativa, orçamentária e financeira da entidade reguladora;
II – transparência, tecnicidade, celeridade e objetividade das decisões.

Essa regulação terá como principais objetivos:

❑ estabelecer padrões e normas para a adequada prestação dos serviços e para a satisfação dos usuários;
❑ garantir o cumprimento das condições e metas estabelecidas;
❑ prevenir e reprimir o abuso do poder econômico, ressalvada a competência dos órgãos integrantes do sistema nacional de defesa da concorrência;
❑ definir tarifas que assegurem tanto o equilíbrio econômico e financeiro dos contratos como a modicidade tarifária, mediante mecanismos que induzam a eficiência e eficácia dos serviços e que permitam a apropriação social dos ganhos de produtividade.

Com efeito, a regulação de serviços públicos de saneamento básico poderá ser delegada pelos titulares a qualquer entidade reguladora constituída dentro dos limites do respectivo estado, explicitando, no ato de delegação da regulação, a forma de atuação e a abrangência das atividades a serem desempenhadas pelas partes envolvidas. Souto (2008b:61) delineia os contornos da regulação do serviço de saneamento básico:

A regulação, seja ela normativa, executiva ou judicante, envolve uma ponderação entre os custos e benefícios para todo o setor, como fruto de uma decisão colegiada, a partir da concretização do princípio democrático, que exige que se abra a oportunidade de participação, para que os interesses em tensão sejam conhecidos e apresentados ao regulador para serem objeto de ponderação. Ainda que se trate de produção de normas, a regulação é administrativa, não representando nem delegação (de competência legislativa) nem regulamentação (privativa do Chefe do Poder Executivo); cabe à lei criar a obrigação e ao regulador fixar o método para o seu cumprimento. Isso pode se dar tanto por meio de normas (*rulemaking*) como em decorrência de atos concretos (*adjudication*), conforme o maior ou menor grau de conhecimento sobre o setor e o número de destinatários envolvidos. No setor de saneamento, a moldura regulatória está centrada na Lei nº 11.445/07, a partir da qual são firmados os contratos, voltados para a universalização do serviço, fixação de tarifas módicas, ampliação da qualidade do serviço.

Finalmente, vale ressaltar, por relevante, que os prestadores de serviços públicos de saneamento básico deverão fornecer à entidade reguladora todos os dados e informações necessários para o desempenho de suas atividades, na forma das normas legais, regulamentares e contratuais.

Questões de automonitoramento

1. Após ler o material, você é capaz de resumir o caso gerador, identificando as partes envolvidas, os problemas atinentes e as soluções cabíveis?

2. Quais são os princípios fundamentais da nova Lei Nacional do Saneamento Básico?

3. Você é capaz de discorrer sobre a controvérsia que envolve a titularidade do serviço de saneamento?

4. Quais são as principais características do modelo regulatório do setor de saneamento antes do advento da Lei nº 11.445/2007?

5. Comente a possibilidade de interrupção dos serviços de saneamento básico, com base na inadimplência do usuário, trazida pela Lei nº 11.445/2007.

6. Descreva alternativas para a solução do caso gerador do capítulo 7.

4

Contratações da administração pública no setor de créditos de carbono

Roteiro de estudo

Introdução

Não há dúvida de que, atualmente, o fenômeno das mudanças climáticas corresponde a uma das principais ameaças ao ecossistema do planeta, afetando, sobretudo, o meio ambiente e, por consequência, a saúde humana. Tais fenômenos estão relacionados à problemática do aquecimento global, que se materializa por meio da alta concentração de gases de efeito estufa existentes em nossa atmosfera, notadamente o dióxido de carbono (CO_2), o metano (CH_4), o óxido nitroso (N_2O), os hidrofluorcarbonetos (HFCs).

Para desacelerar o aquecimento atmosférico, o consumo mundial de combustíveis fósseis precisa ser reduzido drasticamente, alterando-se a matriz energética das economias modernas. É essencial promover a renovação de sistemas de transporte, dos processos industriais e envidar esforços para evitar o desmatamento e as queimadas. Tais modificações não são simples de serem adotadas, pois que estão diretamente relacionadas às atividades vitais para as sociedades atuais.[73]

Nesse contexto é que foi firmado, em 1997, o Protocolo de Quioto, que se encontra em vigor desde 16 de fevereiro de 2005, no qual os países industrializados se comprometeram a reduzir, em média, aproximadamente, 5,2% de suas emissões de gases de efeito estufa — tomando por base o percentual emitido nos idos dos anos 1990.[74] Esclareça-se: o pacto internacional foi assim estabelecido porque se levou em consideração a dívida histórica acumulada em razão de os países desenvolvidos terem protagonizado um processo de industrialização mais intenso e mais antigo.

Com o objetivo de auxiliar os países desenvolvidos no cumprimento destas metas, foram criados alguns mecanismos de flexibilização. Um deles é o mecanismo de desenvolvimento limpo (MDL) ou *clean development mechanism* (CDM), que permite aos países desenvolvidos obter créditos de redução de carbono mediante o desenvolvimento de projetos nos setores energético, de transporte e florestal em países não incluídos no Anexo I da Convenção-Quadro das Nações Unidas sobre Mudanças do Clima (CQNUMC).

Significa dizer que, pelo MDL, os países industrializados (responsáveis por 80% da poluição mundial) compram o "direito de poluir", investindo em projetos que são postos em prática em países em desenvolvimento, utilizando os respectivos créditos para reduzir suas obrigações (Vidigal, s.d.). Na perspectiva dos

---

[73] Sobre o tema da atuação do poder público e áreas de abrangência das mudanças provocadas por desenvolvimento menos dependente de emissões, recomenda-se a leitura do livro *Desenvolvimento com menos carbono*, que integra o rol de estudos do Banco Mundial sobre a América Latina (De La Torre e Fajnzylber, 2010).

[74] Para aprofundamento no estudo crítico da perspectiva histórica, social e econômica do processo de industrialização dos países desenvolvidos, é recomendável a leitura da obra clássica *A história da riqueza do homem*, de Leo Huberman (Huberman, 1986).

países em desenvolvimento, o MDL objetiva promover o desenvolvimento sustentável.

No âmbito do MDL, a circulação deste direito se dá com base na redução certificada de emissão (RCE), que é uma unidade emitida pelo Conselho Executivo do MDL no âmbito da ONU.

Os atos de direito internacional e o mercado de carbono

O mundo encontra-se em verdadeiro "estado de alerta" para o problema das alterações climáticas,[75] o que ocasionou

---

[75] Também em decorrência dessa preocupação, diversos países do mundo vêm desenvolvendo projetos de produção de energia alternativa, como se extrai da notícia que se segue, publicada no site do Instituto Carbono Brasil em 4 fev. 2009 e assinada por Fabiano Ávila.

"Os investimentos no ano passado foram de US$ 155 bilhões e somente os EUA tiveram um aumento de 50% na produção, ultrapassando a Alemanha como líder mundial no setor. As instalações mundiais de energia eólica geram hoje mais de 120,8 GW, sendo que apenas em 2008 foram disponibilizadas mais de 27 GW, um crescimento de 28,8% em relação a 2007. Esses 120,8 GW, equivalentes a 9 vezes a capacidade instalada da Usina de Itaipu, serão responsáveis pela não emissão anual de 158 milhões de toneladas de dióxido de carbono (CO_2). O ano também foi marcado pela ascensão dos EUA como líderes mundiais no setor, com um total de 25,1 GW contra 23,9 GW da Alemanha. 'Os números falam por si só. Existe uma enorme e crescente demanda pela energia eólica. Trata-se de uma fonte que pode ser instalada em praticamente qualquer lugar e que é a única que pode promover os cortes necessários nas emissões', afirmou o secretário geral da Global Wind Energy Council (GWEC) Steve Sawyer.

EUA — Os projetos em energia eólica completados em 2008 nos Estados Unidos foram equivalentes a 42% de toda a nova energia adicionada ao potencial do país. Também foram responsáveis pela criação de 35 mil novos empregos. 'A indústria eólica dos EUA apresentou um crescimento recorde de 50% em apenas um ano. Porém já percebemos uma queda nos investimentos em virtude da crise. Esperamos que o presidente Obama consiga incentivar a sociedade a não parar de investir nas novas tecnologias de energia', afirmou a CEO da Associação Americana de Energia Eólica (AWEA), Denise Bode. 'Assim como a energia eólica é útil para o meio ambiente é também para a economia. A indústria dos ventos já criou mais de 400 mil empregos ao redor do mundo. E se a crise não se agravar muito, teremos cada vez mais investimentos, já que os preços dos combustíveis fósseis estão cada vez mais altos e voláteis', afirma o presidente da GWEC, Arthouros Zervos. Ainda segundo a GWEC, com o devido apoio, seria possível atingir uma meta de emissões de 1,5 bilhão de toneladas de CO_2 no ano de 2020. A estimativa é que o mundo emita mais de 25 bilhões de toneladas por ano. 'Precisamos de um sinal forte dos governos que teremos investimentos contínuos no setor. Também será preciso um acordo global já em Copenhague em dezembro para podermos explorar todo o a manifestação de entidades intergovernamentais de direito internacional, com vistas a solucionar o problema, especialmente por meio de convenções e tratados internacionais.[76] Tais manifestações correspondem a típicos exemplos de cooperação internacional, em matéria ambiental. Confira-se, sobre o tema, Milaré (2007:1164):

> A cooperação internacional, em matéria ambiental, nada mais é do que o reflexo vivo do reconhecimento da dimensão transfronteiriça e global das atividades degradadoras exercidas no âmbito das jurisdições nacionais, cujas sequelas podem alcançar muito além do previsto. Isso significa que o principio da cooperação internacional reflete as tendências ditadas pelo conjunto da ordem internacional contemporânea, da interdependência crescente entre as nações, à procura de um equacionamento e da solução de problemas que transcendem as fronteiras nacionais e a geopolítica tradicional.

O dr. M. Boes (1991), do Institute for Environmental Law Faculty K.U. Leuven, apresenta como principal causa da necessidade da cooperação internacional as insuficiências dos ordenamentos jurídicos para a resolução dos problemas ambientais transnacionais:

---

potencial dos ventos. A indústria, investidores e a sociedade esperam por isso', conclui o secretário geral da GWEC, Steve Sawyer". Disponível em: <www.institutocarbonobrasil.org.br/#reportagens_carbonobrasil/noticia=720746>. Acesso em: set. 2010.

[76] Veja-se a diferenciação dos conceitos trazida por Mello (1989:142): "Os tratados são considerados atualmente a fonte mais importante do DI não só devido à sua multiplicidade, mas também porque geralmente as matérias são regulamentadas por eles. A terminologia dos tratados é bastante imprecisa na prática internacional; todavia podemos tirar as seguintes observações: Tratado é utilizado para acordos solenes, por exemplo o tratado de paz. Convenção é o tratado que cria normas gerais, por exemplo, convenção sobre o mar territorial".

Another example is the "greenhouse effect" or warming up of the earth, mainly by carbon gases. [...] While most countries have some form of legislation aimed at preventing and combating air pollution, it is clear that state legislation is not sufficient when the question is how to combat transbondary and longe-range air. Indeed, national political bodies will have no special incentive to protect interests outside their jusrisdiction.

Desta forma, com base na premissa de que as mudanças climáticas afetam todo o planeta, foi criado, por meio da união entre o Programa das Nações Unidas para o Meio Ambiente (Pnuma) e a Organização Meteorológica Mundial (OMM), o Painel Intergovernamental sobre Mudanças Climáticas (Intergovernmental Panel on Climate Change — IPCC), que tem por escopo fornecer informações científicas, técnicas e socioeconômicas relevantes para o entendimento das mudanças climáticas.

O primeiro relatório do IPCC (1990) teve um papel decisivo para que os Estados firmassem um tratado internacional versando sobre o tema, que culminou com a instituição do Comitê Intergovernamental de Negociação para a Convenção-Quadro das Nações Unidas sobre Mudanças do Clima (CQNUMC).[77]

A citada convenção-quadro está em vigor desde 21 de março de 1994, contando com a adesão de 184 países,[78] entre eles o Brasil, que promulgou o referido ato internacional por meio do Decreto nº 2.652, de 1º de julho de 1998.[79] Após a assinatura da convenção-quadro, várias reuniões foram realizadas, ao menos

---

[77] Ou United Nations Framework Convention on Climate Change (UNFCCC), em inglês.
[78] De acordo com status de ratificação publicado pela Convenção-Quadro das Nações Unidas sobre a Mudança do Clima. Disponível em: <http://unfccc.int/files/kyoto_protocol/status_of_ratification/application/pdf/kp_ratification.pdf>. Acesso em: 21 maio 2009.
[79] O ato multilateral foi oportunamente aprovado por meio do Decreto Legislativo nº 1, de 3 de fevereiro de 1994.

uma vez ao ano, com os países signatários, a fim de servir de fórum de debate das questões climáticas. Destas reuniões, cada uma delas denominada Conferência das Partes (COP) signatárias da Convenção-Quadro sobre Mudanças Climáticas, e que correspondem ao órgão supremo da convenção, a Conferência das Partes realizada em Quioto tornou-se a mais importante. Vale dizer que se criou uma grande expectativa em torno da realização da COP-15 (Copenhague), a mais recente conferência realizada até o momento. Alguns classificaram o evento como um grande fracasso, por não ter logrado êxito em estabelecer novos e mais severos parâmetros de controle da emissão de GEE nos países do Anexo I da CQNUMC. Apesar disso, há que se mencionar dois importantes marcos decorrentes da COP-15. O primeiro, em âmbito internacional, foi o acordo (de natureza política — não vinculante sob o aspecto jurídico) de transferência de tecnologia e recursos financeiros.[80] O segundo, desta vez iniciativa brasileira em âmbito nacional, mas de repercussão internacional, foi a sanção da Lei nº 12.187, de 29 de dezembro de 2009, que instituiu a política nacional sobre mudança do clima (PNMC). Nela, foi veiculado o compromisso brasileiro voluntário de redução de 36,1% das emissões nacionais de GEE, além de o combate ao desmatamento ser intensificado.[81]

---

[80] O financiamento previsto para o período de 2010-2012 é de US$ 30 bilhões, e existe ainda a menção à mobilização de US$ 100 bilhões por ano para auxiliar os países em desenvolvimento.
[81] Lei nº 12.187:
"Art. 12. Para alcançar os objetivos da PNMC, o País *adotará, como compromisso nacional voluntário, ações de mitigação das emissões de gases de efeito estufa, com vistas em reduzir entre 36,1% (trinta e seis inteiros e um décimo por cento) e 38,9% (trinta e oito inteiros e nove décimos por cento) suas emissões projetadas até 2020.*
Parágrafo único. A projeção das emissões para 2020 assim como o detalhamento das ações para alcançar o objetivo expresso no caput serão dispostos por decreto, tendo por base o segundo Inventário Brasileiro de Emissões e Remoções Antrópicas de Gases de Efeito Estufa não Controlados pelo Protocolo de Montreal, a ser concluído em 2010" (grifos nossos).

Ao estabelecer sua meta voluntária de redução de emissões, o Brasil demonstrou, junto à comunidade internacional, estar cioso da importância do papel dos países em desenvolvimento no processo de evolução tecnológica com menos carbono[82] e buscou provocar uma reação em cadeia dos países desenvolvidos que ainda não haviam comunicado suas intenções de redução.[83]

O Protocolo de Quioto foi assinado em 11 de dezembro de 1997, durante a realização da COP-3, contando, inicialmente, com a adesão de 39 países. Sobre as principais características do Protocolo de Quioto relacionadas à produção de energia, confira-se Guerra (2005:218):

> Outro importante marco em matéria ambiental internacional foi o protocolo de Quioto, em 1997, posto que pela primeira vez na história pôs limites às emissões de gases de efeito estufa. Serviu para mandar um sinal para as empresas e o governo no que tange à necessidade de mudanças no sistema energético e fontes renováveis de energia elétrica pois a solução do problema de mudanças climáticas requer uma mudança radical no sistema energético atual, baseado em energia elétrica não renováveis e contaminantes (petróleo, carvão e gás), que são utilizados de forma excessiva e com desperdício.

A grande distinção entre a Convenção-Quadro das Nações Unidas sobre a Mudança do Clima e o Protocolo de Quioto é que, enquanto o primeiro ato teve por objetivo encorajar os

---

[82] É cada vez mais nítida a necessidade do reconhecimento da responsabilidade compartilhada — tal como definida por Beck (2010) — entre todos os países, respeitando-se as proporções entre ônus e bônus que cada nação suporta ou aufere.

[83] Alguns países entregaram, ao Secretariado da ONU, metas de redução para 2020. A saber: Japão (25%), União Europeia (entre 20% e 30%), Suíça (entre 20% e 30%), Rússia (entre 15% e 25%). Estes percentuais foram calculados considerando como base o ano de 1990. Os Estados Unidos apresentaram uma meta de redução de 17% considerando as emissões do ano de 2005.

países industrializados a estabilizar as emissões de gases do efeito estufa, o Protocolo de Quioto obrigou-os a assim agir, impondo metas objetivas de redução. Veja-se o disposto no §1º do art. 3º do instrumento:

> As Partes incluídas no Anexo I devem, individual ou conjuntamente, assegurar que suas emissões antrópicas agregadas, expressas em dióxido de carbono equivalente, dos gases de efeito estufa listados no Anexo A não excedam suas quantidades atribuídas, calculadas em conformidade com seus compromissos quantificados de limitação e redução de emissões descritos no Anexo B e de acordo com as disposições deste Artigo, com vistas a reduzir suas emissões totais desses gases em pelo menos 5% abaixo dos níveis de 1990 no período de compromisso de 2008 a 2012.

Com o intuito de auxiliar os países desenvolvidos a alcançar suas metas, o referido pacto internacional prevê mecanismos de flexibilização adicionais de redução das emissões e aumento da remoção de gases de efeito estufa, a saber: a implementação conjunta (IC) ou *joint implementation* (JI), o comércio internacional de emissões (CIE) ou *international emission trading* (IET) e o mecanismo de desenvolvimento limpo (MDL) ou *clean development mechanism* (CDM).

A implementação conjunta[84] é um mecanismo que possibilita os países do Anexo I financiarem projetos em países do

---

[84] Tal instrumento tem previsão no art. 6º do Protocolo de Quioto, nos seguintes termos:
"1. A fim de cumprir os compromissos assumidos sob o Artigo 3, qualquer Parte incluída no Anexo I pode transferir para ou adquirir de qualquer outra dessas Partes unidades de redução de emissões resultantes de projetos visando à redução das emissões antrópicas por fontes ou o aumento das remoções antrópicas por sumidouros de gases de efeito estufa em qualquer setor da economia, desde que:
(a) O projeto tenha a aprovação das Partes envolvidas;

mesmo grupamento, ou serem financiados por eles, com vistas à redução de emissões de gases do efeito estufa, podendo, assim, adquirir de ou transferir para este outro país as unidades de redução de emissões (UREs).

O comércio internacional de emissões,[85] a seu turno, diz respeito à possibilidade de os países do Anexo I, ao atingirem as suas metas, realizarem a comercialização — com os demais integrantes de seu grupo que ainda não o conseguiram — dos excedentes de suas cotas de emissões de gases de efeito estufa. Estas cotas são as unidades de quantidade atribuída (UQAs), conhecidas também como licenças.

Por fim, o mecanismo de desenvolvimento limpo estabelece que as atividades desenvolvidas de projetos de redução de emissão de gases de efeito estufa podem ser realizadas pelas partes incluídas no Anexo I (países desenvolvidos) nos territórios dos países não incluídos no Anexo I (países em desenvolvimento), dando origem às reduções certificadas de emissões (RCEs), que poderão ser utilizadas como forma de cumprimento parcial das metas a serem atingidas pelos países investidores.

Desta forma, tem-se que em cada um dos mecanismos de flexibilização previstos no Protocolo de Quioto são gerados

---

(b) O projeto promova uma redução das emissões por fontes ou um aumento das remoções por sumidouros que sejam adicionais aos que ocorreriam na sua ausência;
(c) A Parte não adquira nenhuma unidade de redução de emissões se não estiver em conformidade com suas obrigações assumidas sob os Artigos 5 e 7; e
(d) A aquisição de unidades de redução de emissões seja suplementar às ações domésticas realizadas com o fim de cumprir os compromissos previstos no Artigo 3".
[85] Confira-se o art. 17 do Protocolo de Quioto:
"A Conferência das Partes deve definir os princípios, as modalidades, regras e diretrizes apropriados, em particular para verificação, elaboração de relatórios e prestação de contas do comércio de emissões. As Partes incluídas no Anexo B podem participar do comércio de emissões com o objetivo de cumprir os compromissos assumidos sob o Artigo 3. Tal comércio deve ser suplementar às ações domésticas com vistas a atender os compromissos quantificados de limitação e redução de emissões, assumidos sob esse Artigo".

créditos de carbono, que recebem nomes específicos em cada um deles, como mostrado no quadro 1.

Quadro 1

Mecanismo de flexibilização	Crédito de carbono
Implementação conjunta (IC)	Unidade de redução de emissão (URE)
Comércio internacional de emissões (CIE)	Unidade de quantidade atribuída (UQA)
Mecanismo de desenvolvimento limpo (MDL)	Redução certificada de emissão (RCE)

Desde 1996, os países do Anexo I devem apresentar, anualmente, inventários de emissão de gases de efeito estufa, que têm por objetivo formatar políticas públicas no setor.[86] Já os países em desenvolvimento devem apresentar tal documento apenas periodicamente.

O mecanismo de desenvolvimento limpo (MDL)[87]

O MDL, estabelecido no art. 12 do Protocolo de Quioto e regulamentado pelo Acordo de Marraqueche,[88] é, em termos simples, um mecanismo de flexibilização que permite a com-

---

[86] O prazo para a quinta comunicação nacional a que estão obrigados os países do Anexo I expirou em 1º de janeiro de 2010, de acordo com a decisão nº 10, emitida pela COP-13. Sobre o assunto ver: <http://unfccc.int/national_reports/annex_i_natcom_/items/1095.php?plus=j>. Acesso em: 9 ago. 2010.

[87] É interessante mencionar que houve peculiar participação intelectual brasileira na criação do MDL. Isso porque a ideia surgiu de uma adaptação da proposta apresentada pela equipe brasileira, em maio de 1997, ao Secretariado da Convenção em Bonn. A proposta original brasileira versava sobre a criação de um Fundo de Desenvolvimento Limpo, que seria composto por contribuições dos países desenvolvidos que não cumprissem suas metas de redução. Este fundo seria utilizado para desenvolver projetos em países em desenvolvimento, tal qual definido no delineamento daquilo que hoje denominamos MDL. Disponível em: <www2.petrobras.com.br/meio_ambiente/portugues/desenvolvimento/des_index.htm#5>. Acesso em: 20 maio 2009.

[88] Foi estabelecido durante a COP-7, em 2001, no Marrocos.

pensação, fora dos limites territoriais nacionais, das emissões de gases de efeito estufa, ou a remoção desses gases produzidos nos países industrializados desenvolvidos. Dos três mecanismos de flexibilização, o MDL é o único que confere ao Brasil a possibilidade de atuar no mercado de carbono de Quioto, na medida em que a IC e o CIE são mecanismos destinados aos países do Anexo I.

Sobre o MDL, veja-se o disposto no art. 12 do Protocolo de Quioto:

1. Fica definido um mecanismo de desenvolvimento limpo.

2. O objetivo do mecanismo de desenvolvimento limpo deve ser assistir às Partes não incluídas no Anexo I para que atinjam o desenvolvimento sustentável e contribuam para o objetivo final da Convenção, e assistir às Partes incluídas no Anexo I para que cumpram seus compromissos quantificados de limitação e redução de emissões, assumidos no Artigo.

3. Sob o mecanismo de desenvolvimento limpo:

(a) As Partes não incluídas no Anexo I beneficiar-se-ão de atividades de projetos que resultem em reduções certificadas de emissões; e

(b) As Partes incluídas no Anexo I podem utilizar as reduções certificadas de emissões, resultantes de tais atividades de projetos, para contribuir com o cumprimento de parte de seus compromissos quantificados de limitação e redução de emissões, assumidos no Artigo 3, como determinado pela Conferência das Partes na qualidade de reunião das Partes deste Protocolo.

4. O mecanismo de desenvolvimento limpo deve sujeitar-se à autoridade e orientação da Conferência das Partes na qualidade de reunião das Partes deste Protocolo e à supervisão de um conselho executivo do mecanismo de desenvolvimento limpo.

5. As reduções de emissões resultantes de cada atividade de projeto devem ser certificadas por entidades operacionais a

serem designadas pela Conferência das Partes na qualidade de reunião das Partes deste Protocolo, com base em:

(a) Participação voluntária aprovada por cada Parte envolvida;

(b) Benefícios reais, mensuráveis e de longo prazo relacionados com a mitigação da mudança do clima, e

(c) Reduções de emissões que sejam adicionais as que ocorreriam na ausência da atividade certificada de projeto.

[...]

Ainda tratando do conceito de MDL, é válido conhecer os ensinamentos de Gutierrez (2007:271-273), pesquisadora da Diretoria de Estudos Macroeconômicos do Ipea:

O Mecanismo de Desenvolvimento Limpo (MDL), de especial interesse para o Brasil, permite o financiamento internacional de projetos redutores de GEE, geradores de reduções certificadas de carbono [...], como parte dos esforços de redução pelos países do Anexo I (basicamente países desenvolvidos e países pertencentes à extinta União Soviética), que, de acordo com o protocolo, têm a responsabilidade histórica de redução desses gases, considerando sua contribuição ao processo de aquecimento global. Potencialmente, o MDL passa a se constituir em uma oportunidade para países em desenvolvimento, como o Brasil, de atração de investimentos externos e absorção de tecnologia, assim como atração de divisas destinadas à aquisição de reduções certificadas, originadas de projetos enquadráveis nas exigências regulatórias desse mecanismo. O Protocolo de Quioto priorizou a utilização de instrumentos de mercado em detrimento dos tradicionais mecanismos de política ambiental do tipo comando e controle, considerando que a *contribuição ao efeito estufa de uma unidade de GEE independe de sua localização*. Esses mecanismos de mercado apresentam vantagens teóricas importantes, devidas, principalmente, à flexibilidade introduzida no sistema, permitindo uma eficiência maior, em contraste com a situação em que cada país tivesse que reduzir uma percentagem de suas emissões. Neste último caso, a fonte de ineficiência principal deve-se à diferença entre os custos de redução nas emissões dos diferentes países que, por sua vez, reflete uma série de fatores, destacando-se os tecnológicos, diferentes matrizes energéticas, institucionais etc. Isso significa que o equilíbrio seria caracterizado pela divergência entre os custos marginais de reduções nas emissões dos diferentes países; portanto, não esgotando ganhos potenciais de comércio. Enquanto um país pudesse ter de despender gastos elevados para alcançar uma redução modesta, outro país, com reduzidos investimentos, poderia lograr grandes reduções de emissões. Em outras palavras, *os mecanismos de mercado aumentam a eficiência das políticas ambientais, desde que haja divergência nos custos marginais dos agentes, o que é particularmente verdadeiro entre os grupos de países desenvolvidos e em desenvolvimento* [grifos nossos].

Se do ponto de vista dos países desenvolvidos, o MDL contribui para que os países do Anexo I cumpram suas metas de redução de emissão, com relação aos países em desenvolvimento o MDL objetiva o desenvolvimento sustentável do "país anfitrião" do projeto, a partir da implantação de tecnologias mais limpas naquele país.

Os projetos de MDL podem ser planejados com base[89] em fontes renováveis e alternativas de energia, eficiência e conserva-

---

[89] Uma atividade de projeto MDL pode estar relacionada a mais de um setor. De forma mais pormenorizada, exemplificam-se as atividades (estabelecidas pelo Conselho Executivo do MDL da ONU): geração de energia (renovável e não renovável); distribuição de energia; demanda de energia (projetos de eficiência e conservação de energia); indústrias de produção; indústrias químicas; construção; transporte; mineração e produção mineral; produção metalúrgica; emissões de gases fugitivos de combustíveis; emissões na produção e consumo de halocarbonos e hexafluorido de enxofre; uso de solventes; gestão e tratamento de resíduos; reflorestamento e florestamento, e agricultura.

ção de energia ou reflorestamento.[90] Para o êxito de um MDL são estabelecidas regras claras e rígidas como critérios de avaliação da viabilidade de aprovação de projetos. Nesses projetos devem ser utilizadas metodologias e técnicas aprovadas e, necessariamente, validadas e verificadas por entidades operacionais designadas (EODs) pela Conferência das Partes. Para que um crédito de carbono possa ser emitido no âmbito do MDL, algumas etapas precisam ser obrigatoriamente cumpridas, o que é denominado "ciclo de projeto".

O ciclo de projeto do MDL pode ser subdividido em sete passos,[91] sendo:

- elaboração do documento de concepção de projeto (DCP), usando uma metodologia de linha de base e um plano de monitoramento aprovados;
- validação, em que se verifica se o projeto está em conformidade com a regulamentação do Protocolo de Quioto;
- aprovação pela autoridade nacional designada (AND), que, no caso do Brasil, é a Comissão Interministerial de Mudança Global do Clima (CIMGC), que verifica a contribuição do projeto para o desenvolvimento sustentável no país anfitrião[92] e confirma a participação voluntária;
- submissão ao Conselho Executivo, para registro, o que equivale à aceitação formal pelo Conselho Executivo da CQNUMC de um projeto validado como atividade de projeto de MDL;
- monitoramento, que envolve a coleta e o armazenamento de todos os dados necessários para calcular a redução das

---

[90] Proteção de áreas de florestas ou desmatamento evitado não são considerados projetos MDL; portanto, não fazem jus às RCEs. O incentivo ao desenvolvimento sustentável não pode permitir a conclusão de que a consciência de preservação é conservação ambiental.
[91] Cf. Centro de Gestão e Estudos Estratégicos (2008).
[92] Consoante Decisão nº 17, emitida pela COP-7 (Marraqueche).

emissões de GEE, de acordo com plano de monitoramento estabelecido no DCP;

❑ verificação/certificação, que tem como objetivo quantificar as reduções de emissões de GEE que ocorreram até a data da realização do relatório;

❑ emissão e distribuição de RCEs conforme acordado entre as partes do projeto no documento de concepção do projeto.

Uma vez emitida a RCE, isto é, o crédito de carbono, o seu titular detém um ativo dotado de valor patrimonial que pode ser livremente circulado. Convém ressaltar que a RCE é um dos ativos que podem ser comercializados no mercado de carbono,[93] mas não o único. O mercado de carbono é, portanto, um termo popular para denominar diversos sistemas de negociação de unidades de emissões de gases de efeito estufa. Quando esta negociação tem o objetivo de atender as metas regulatórias estabelecidas no Protocolo de Quioto ou em outros instrumentos internacionais, temos o mercado compulsório. Existe, ainda, o mercado voluntário, gerado por demanda de instituições, empresas e indivíduos interessados em reduzir suas próprias

---

[93] Conforme esclarece Limiro (2008:123-129), existem três formas de transação do crédito de carbono. São elas: a unilateral, a bilateral e a multilateral. Vejamos:
"O modelo unilateral é caracterizado pelo fato de as entidades públicas ou privadas do país, financiando ou não o desenvolvimento de (determinados) projetos de MDL, adquirirem as RCEs correspondentes e operarem sua comercialização internacional em bases mais vantajosas, competitivas e no momento mais favorável (revenda). [...] No modelo bilateral, os países industrializados e em desenvolvimento negociam diretamente, podendo participar do desenvolvimento, do financiamento e da operacionalização dos projetos de MDL, ou seja, os investidores contratam uma operação conjunta de emissão e compra de RCEs relativas a um determinado projeto. [...] A comercialização de RCEs nesse tipo de transação se concretiza por intermédio do contrato internacional de compra e venda de créditos. [...] O multilateral é conhecido pela participação de diversas instituições públicas e privadas que adquirem RCEs ou colaboram com financiamento de projetos de MDL. Essa modalidade reduz a margem de riscos inerentes a novos empreendimentos e as dúvidas quanto aos riscos reais, bem como permite maior manipulação de preços (especulação) em função do prazo, das exigências e do padrão de demanda por RCEs".

emissões. Um exemplo de mercado voluntário é o Chicago Climate Exchange (Bolsa do Clima de Chicago).

No Brasil, a falta de regulamentação para o investimento em projetos de MDL e para a negociação de RCEs não impede que o país se destaque. No ano de 2006, operações no mercado de carbono movimentaram cerca de US$ 6 bilhões, valor equivalente a, aproximadamente, 20% do volume mundial de créditos negociados (Tavares e Leme, 2007). Segundo o Banco Mundial, o Brasil tem capacidade para conquistar 10% do mercado mundial de carbono (Limiro, 2008:129).[94]

---

[94] Sobre o tema pode-se exemplificar a trajetória traçada pela Petrobras: "Como Companhia que, voluntariamente, adota medidas para reduzir as emissões de gás carbônico, a Petrobras pode beneficiar-se do comércio de créditos de carbono utilizando o mecanismo de desenvolvimento limpo (MDL) estabelecido no âmbito do Protocolo de Quioto. Em linhas gerais, empresas que desenvolvem novas técnicas de produção que, comprovadamente, acarretam diminuição da quantidade de gás carbônico emitido recebem créditos proporcionais. Esses créditos podem ser vendidos a outras empresas que têm o compromisso de emitir menos CO_2, mas não conseguiram atingir sua meta de redução. E podem resultar em importante fonte de receita. Para explorar tais possibilidades e viabilizar o processo de certificação de projetos de toda a Petrobras, no Brasil e no exterior, voltados para a diminuição da emissão de gases de efeito estufa, a Petrobras criou, em 2004, a Gerência de Negócios de Desenvolvimento Sustentável em Energia. Com isso, a Companhia pretende obter melhor retorno financeiro de suas ações, atuando de forma social e ambientalmente responsável. Tendo em vista que os créditos de carbono valem dinheiro no mercado internacional, o negócio poderá ser rentável para a Petrobras se as metas da Companhia forem alcançadas. 'No primeiro semestre de 2006, contabilizamos emissões evitadas na ordem de 1,98 milhão de toneladas. Até 2011, a previsão é de que esse valor totalize 18,5 milhões de toneladas de gases de efeito estufa, volume equivalente a cerca de 37% das emissões totais da Petrobras no ano de 2005. Essa meta será alcançada por meio de projetos que aumentarão a eficiência energética da Petrobras, de melhorias operacionais, da otimização da queima em tocha e da substituição de combustíveis fósseis por fontes renováveis de energia nas instalações da Companhia. E poderá vir a ser superada já que, até 2011, novos projetos de redução de emissões de gases de efeito estufa deverão estar implementados', esclarece a gerente-geral da unidade organizacional de Segurança, Meio Ambiente e Saúde da Petrobras, Beatriz Nassur Espinosa. Ainda outra vantagem para a Petrobras, que se internacionaliza velozmente, é que, segundo o consultor sênior na área de Desenvolvimento Energético da Companhia, Vicente Hermogério Schmall, tendo créditos de carbono, a Petrobras poderá utilizá-los para viabilizar suas operações em países onde houver restrições legais às emissões de gases de efeito estufa. As empresas de porte internacional que não possuírem os créditos ficarão de fora desses mercados. Como se vê, em tempos em que, conforme alerta o gerente-geral de Pesquisa e Desenvolvimento de Gás, Energia e Desenvolvimento Sustentável do Cenpes, Ricardo Castello Branco,

Importa perquirir a natureza jurídica da RCE, a fim de se identificarem os instrumentos jurídicos para sua circulação, securitização, destinação em caso de processos falimentares, regras para a atuação de entidades financeiras e correspondente regulação do mercado, bem como os efeitos comerciais, tributários e contábeis desta transação. A segurança jurídica na definição desta matéria possibilitará a maior liquidez dos mercados com menor distorção entre mercados regionais.

Neste sentido é importante que a organização do mercado da RCE seja pautada em conceitos tecnicamente apropriados e reconhecidos internacionalmente, a fim de permitir a livre e segura transação do ativo no mercado e os negócios dela decorrentes.

A natureza jurídica do crédito de carbono

Existem diversos entendimentos quanto à natureza jurídica do crédito de carbono.

A RCE não possui uma existência física ou documental, o que de imediato descarta a figura do título de crédito, na concepção tradicional deste instituto, para cuja existência é fundamental a cartularidade, isto é, que o crédito esteja pautado num documento que será apresentado ao devedor ou à pessoa por ele designada para o exercício dos direitos nele mencionados.[95]

---

emitir carbono no mercado mundial terá custos cada vez mais altos, não só financeiros, por intermédio de impostos e perda de clientes e investidores, como sociais e ambientais, implementar projetos de sequestro de carbono e mitigação das mudanças climáticas será um investimento valioso. 'Desse modo, conseguiremos utilizar o petróleo e o gás natural como fontes de energia sustentáveis, uma vez que o CO_2 gerado será sequestrado. E a Petrobras porá em prática sua estratégia de aliar rentabilidade e responsabilidade social e ambiental', finaliza."
Disponível em: <www2.petrobras.com.br/atuacaointernacional/petrobrasmagazine/PM50/port/frmset_carbono.html>. Acesso em: 13 maio 2009.
[95] Salientamos, todavia, que a característica da cartularidade, que sempre foi considerada indispensável, é a principal responsável pela crise do próprio instituto, uma vez que o uso da informática constituiu uma forte tendência ao desuso do papel nos títulos

Além disso, importa o fato de o certificado não ser emitido pelo particular devedor,[96] porém pelo administrador do registro do MDL com base em instrução do Conselho Executivo do MDL, no âmbito do Secretariado da Convenção-Quadro das Nações Unidas sobre Mudança do Clima, em Bonn, Alemanha.

Trata-se de um ativo eletrônico e intangível (imaterial, incorpóreo), sendo descabida a pretensão de classificá-lo como um ativo tangível à luz do ordenamento jurídico brasileiro e internacional. Todavia, apesar de sua imaterialidade, interessa ao mundo jurídico por apresentar um valor econômico passível de negociação.

Leciona Grau Neto (2008) que seria possível conferir às RCEs a natureza jurídica de *commodities*, uma vez que, comercializadas em escala, teriam preços balizados no mercado mundial, sendo sua negociação feita em bolsa de mercadoria ou de futuros. Todavia, tal atribuição é deveras criticada pela doutrina, eis que as RCEs são diretamente vinculadas aos projetos que lhes dão origem, o que as diferencia das *commodities*, que são guiadas pela variação mercadológica. Nesse sentido, esclarece Mirla Lofrano Sanches (apud Grau Neto, 2008): "As *commodities* são 'cegas', ou seja, são guiadas pelo mercado que varia conforme a disponibilidade e demanda do produto".

Da mesma forma, Sister (2007:39):

> De acordo com as definições doutrinárias acima transcritas, deduz-se que *commodity* deve representar mercadorias apenas individualizadas pelo seu gênero e espécie e que possam ser substituídas por outras de mesma natureza. Ademais, como

---

de crédito. Por conseguinte, entende-se modernamente que a cartularidade não está necessariamente na existência de um papel, mas na possibilidade da emissão também por meio magnético, eletrônico. Neste sentido, ver Peixoto (2001).
[96] O título de crédito, por sua vez, corresponde a um ato unilateral de vontade do devedor.

visto, a *commodity* pressupõe necessariamente a existência material de um bem que se sujeita à distribuição para consumo.

Portanto, o uso do termo *commodity*, em qualquer situação, importa reconhecer que o objeto referido é fungível e inclui-se essencialmente na classificação de bem corpóreo sujeito à mercancia. Por tudo quanto fora exposto no tópico anterior, observou-se que as RCEs derivam de um processo individual e único de aprovação no qual a parte interessada submete um projeto específico à aprovação de um órgão qualificado para sua análise, sendo que, em momento algum, as RCEs se dissociam do projeto que as gerou. Desse modo, e por haver um inerente grau de dependência entre as RCEs e os projetos de MDL que as geram não me parece aceitável que tais instrumentos possam ser tratados como bens de natureza infungível.

Com base na regulamentação emitida pelo Banco Central do Brasil para o mercado de câmbio, surge o entendimento de que a RCE seria uma prestação de serviço.[97] Como se sabe, os contratos de prestação de serviços são caracterizados pela prestação de atividades lícitas, com liberdade técnica e ausência de subordinação entre o prestador e o contratante. Contudo, parece difícil a configuração dos créditos de carbono como uma espécie de prestação de serviços, posto que, no caso de eventual cessão dos direitos sobre as RCEs geradas a partir desse projeto a um terceiro, se configurará uma verdadeira cessão de crédito, negócio jurídico bilateral, e não a prestação de uma atividade material. Nesse sentido, esclarece Grau Neto (2008):

---

[97] O Banco Central editou, no dia 8 de setembro de 2005, a Circular nº 3.291, que promoveu alterações no Regulamento do Mercado de Câmbio e Capitais Internacionais. Uma das novidades é a previsão expressa de um código para a realização de operações de câmbio cuja natureza é classificada como "Serviços Diversos — Créditos de Carbono 29/(NR) 45500".

A atribuição de natureza jurídica de prestação de serviço aos CERs também é bastante criticada, sobretudo porque, quando o participante de um projeto de MDL transfere os direitos sobre os CERs gerados a partir desse projeto a um terceiro, não há prestação de serviço, mas sim a realização de uma cessão de crédito, negócio jurídico bilateral, que exige manifestação da vontade de quem quer transferir o crédito e aceitação expressa daquele que quer recebê-lo.

Sustenta-se, ainda, ser a RCE um derivativo, sob o argumento de que está presente o *hedge*, que é uma operação que objetiva reduzir ou eliminar risco inerente à exposição às variações no valor de mercado ou no fluxo de caixa de qualquer ativo, passivo ou transação futura.

Sob essa diretriz, o agente, ao comprar os certificados para cumprir as metas impostas, estaria se protegendo de custos maiores, oriundos da adoção de nova tecnologia, caso optasse pela elaboração de uma atividade de projeto elegível para o MDL (Souza e Miller, 2003).

Entendemos, no entanto, que estaríamos diante de simples alternativa de mercado à disposição dos agentes econômicos e não de um *hedge* propriamente dito, posto que não existe o objetivo de obtenção de um ganho financeiro visando à compensação de uma perda por força de oscilações de preços de um ativo referente.

Além disso, cumpre esclarecer que os derivativos são ativos financeiros ou valores mobiliários cujo valor e características de negociação derivam do ativo que lhes serve de referência.

O mercado de derivativos é, portanto, o mercado no qual a formação de preços deriva dos preços do mercado à vista, tal qual ocorre com os mercados futuros,[98] os mercados a termo, os mercados de opções e o mercado de *swap* (Fortuna, 2002:499).

---

[98] Nas operações no mercado financeiro envolvendo derivativos, o valor das transações deriva do comportamento futuro de outros mercados, como o de ações, câmbio ou juros. Cf. *Dicionário de finanças*. Disponível em: <www.bovespa.com.br/>. Acesso em: 10 jul. 2008.

Partindo da premissa de que nem a natureza nem o valor da RCE derivam de qualquer outro ativo ao qual estejam vinculados, ao que parece a qualificação do bem como derivativo não seria apropriada.[99] Todavia, nada impede que derivativos da unidade de RCE (ou do seu "espelho", como querem alguns) sejam negociados nos ambientes das bolsas de futuros. Nesses casos, estaríamos diante de um ativo financeiro derivando do valor de outro ativo financeiro, qual seja, o ativo intangível correspondente à unidade RCE.

O entendimento que encontra mais adeptos defende que os créditos de carbono teriam natureza jurídica de valores mobiliários. O art. 2º da Lei nº 6.385/1976 elenca os valores mobiliários sujeitos ao regime da lei e, portanto, submetidos à regulação da CVM. São eles:

❑ as ações, debêntures e bônus de subscrição;
❑ os cupons, direitos, recibos de subscrição e certificados de desdobramento relativos aos valores mobiliários referidos no item anterior;
❑ os certificados de depósito de valores mobiliários;
❑ as cédulas de debêntures;
❑ as cotas de fundos de investimento em valores mobiliários ou de clubes de investimento em quaisquer ativos;
❑ as notas comerciais;
❑ os contratos futuros, de opções e outros derivativos, cujos ativos subjacentes sejam valores mobiliários;
❑ outros contratos derivativos, independentemente dos ativos subjacentes; e
❑ quando ofertados publicamente, quaisquer outros títulos ou contratos de investimento coletivo que gerem direito de

---

[99] Com este entendimento, Almeida (2005).

participação, de parceria ou de remuneração, inclusive resultante de prestação de serviços, cujos rendimentos advêm do esforço do empreendedor ou de terceiros.

A despeito do conceito extensivo do inciso IX do citado dispositivo, Sister (2007) sintetiza:

Assentando, o ilustre professor [Roberto Quiroga Mosquera] define valores mobiliários como sendo "negócios jurídicos relativos a investimentos oferecidos ao público, sobre os quais o investidor não tem controle direto, cuja aplicação é feita em dinheiro, bens ou serviço, na expectativa de lucro, não sendo necessária a emissão do título para a materialização da relação obrigacional". Aplicando os conceitos acima expostos naquilo que interessa ao presente estudo, observa-se que mesmo a inclusão do item IX ao art. 2º da Lei nº 6.385 pela Lei nº 10.303, trazendo a figura do contrato de investimento coletivo publicamente ofertado e que, para muitos, fez adotar o largo conceito de *security* do direito norte-americano, não foi suficiente para inserir as RCEs no conceito de valores mobiliários. Tal conclusão decorre de três principais argumentos. O primeiro deles reside no fato de que as RCEs não podem representar "investimentos oferecidos ao público" mediante "aplicação feita em dinheiro, bens ou serviço", vez que importam em simples reconhecimento de que houve a redução de determinada quantidade de emissão de gases do efeito estufa em decorrência de projeto de MDL. Em segundo plano, temos, no caso das RCEs, a absoluta inexistência de "direito de participação, de parceria ou de remuneração" gerado a partir da emissão do referido instrumento. Por fim, é imprescindível a menção ao fato de que a Comissão de Valores Mobiliários (CVM), no exercício de suas atribuições regulamentares, já reconheceu, por meio do artigo 1º da Instrução CVM nº 270, de 23 de janeiro de 1998, que somente "poderão emitir títulos ou contratos de investimento coletivo para distribuição pública as sociedades constituídas sob a forma de sociedade anônima". Assim, considerando que, no caso do Mercado de Carbono do Protocolo de Quioto, as RCEs são emitidas pelo Conselho Executivo do MDL, entidade localizada fora dos limites territoriais e legislativos brasileiros. Haveria nítida incongruência entre a referida norma e a situação tratada.

Atualmente tramitam na Câmara dos Deputados três principais projetos de lei (PLs) acerca do mercado de carbono, quais sejam: (i) PL nº 493/2007, que dispõe sobre a organização e a regulação do mercado de carbono na Bolsa de Valores do Rio de Janeiro (BVRJ) por meio de geração de RCE em projetos de MDL; (ii) PL nº 494/2007, que dispõe sobre os incentivos fiscais e autoriza a constituição de fundos de investimento em projetos de MDL;[100] (iii) PL nº 594/2007, que equipara a RCE a valor mobiliário, estando os dois últimos PLs apensados ao primeiro.

Paralelamente tramita no Senado Federal o PL nº 33/2008, que trata especificamente da natureza jurídica da RCE, alterando o art. 2º da Lei nº 6.385/1976 para incluir a RCE no rol dos valores mobiliários sujeitos ao regime daquela lei.

Todavia, entendemos que a RCE deve ser compreendida tão somente como um ativo eletrônico e intangível (imaterial, incorpóreo), não sendo adequado que o legislador defina imperativamente a natureza jurídica de um instituto, principalmente quando uma definição precipitada pode impactar a liquidez do

---

[100] Apensado ao PL nº 494/2007 está o PL nº 1.657/2007, de autoria do deputado Zequinha Marinho, que dispõe sobre os incentivos fiscais a serem concedidos às pessoas físicas e jurídicas que invistam em projetos de mecanismo de desenvolvimento limpo (MDL) que gerem reduções certificadas de emissões (RCEs), autoriza a constituição de fundos de investimento em projetos de MDL e dá outras providências.

ativo que é negociado em mercado internacional, permeando diversos sistemas jurídicos. A despeito de sua imaterialidade, a RCE interessa ao mundo jurídico por apresentar um valor econômico passível de negociação. Ainda que a RCE não seja considerada um valor mobiliário, *nada obsta a livre circulação destes créditos* mediante os contratos de compra e venda/cessão de crédito. Dependendo da estruturação do projeto de MDL e dos respectivos acordos de distribuição celebrados pelos participantes quanto à alocação destes ativos, os créditos de carbono poderão pertencer tanto a particulares quanto à administração pública. Uma vez monetizados, poderão viabilizar projetos de interesse público e servir como relevante fonte de receita.

Contratações do poder público no mercado de carbono

Tratar da contratação do poder público no contexto do mercado de emissões é tarefa que, antes que abordemos exemplos práticos, exige análise de relevância desse mercado sob três enfoques: o social, o ambiental e o econômico.

Sob ponto de vista social, a existência deste mercado proporciona uma maior conscientização de que esforços concentrados em um mesmo sentido permitem crescimento, bem como o rompimento do círculo vicioso da poluição; ajudam a encontrar soluções para problemas sociais de desemprego e desigualdade. Além disso, atividades marginalizadas — como a de catadores de lixo — vêm se tornando atividades organizadas, nas quais os indivíduos, antes marginalizados, passam a ter função e reconhecimento. Outro fator socialmente importante é a valorização que o mercado de carbono proporciona para setores socialmente estratégicos, como o fornecimento de energia elétrica. Permite-se, também, uma participação na reorientação do desenvolvimento econômico e ambiental.

Quanto ao aspecto ambiental, pode-se observar uma maior atenção e um maior esforço para a criação de oportunidades de investimento nos municípios brasileiros. Passou-se a incentivar, por meio das ações da administração, iniciativas que possam, de alguma forma, ser revertidas para a construção de uma política pensada em prol do desenvolvimento sustentado e sustentável e da melhor qualidade de vida.

Já do ponto de vista econômico, as contratações neste mercado permitem maior captação de recursos e, consequentemente, a desvinculação de recursos outrora dirigidos para a solução do que hoje são projetos de MDL. Isso porque, além de obter o valor pago referente às RCEs, o poder público também pode auferir rendimentos, por exemplo, a partir da energia gerada pela utilização de um biogás que antes, se liberado, apresentaria alto potencial de ensejar efeito estufa.

Um exemplo de sucesso da atuação do poder público nesta seara foi a transformação do "lixão" de Gramacho, situado na Região Metropolitana do Rio de Janeiro, em aterro sanitário. Este empreendimento, gerido por entidade privada vencedora da licitação realizada pelo estado do Rio de Janeiro, permite a coleta de biogás para a transformação em energia elétrica.[101]

---

[101] De acordo com matéria publicada em *Canal — O Jornal da Bioenergia*, ano 2, n. 17, jan. 2008, assinada por Evandro Bittencourt e que ora transcrevemos, "a coleta de biogás e produção de energia elétrica nos aterros sanitários vem ganhando importância no Brasil nos últimos anos e os motivos para isso são bem consistentes. O aproveitamento dos resíduos sólidos urbanos (RSUs) permite a redução dos gases de efeito estufa; constitui fonte de receita adicional para aterros existentes (energia e créditos de carbono); permite a utilização do gás para geração de energia ou como combustível e ainda evita a possibilidade de ocorrência de explosões decorrentes das altas concentrações de metano na atmosfera, ainda que essa seja uma possibilidade considerada remota pelos técnicos que atuam na área.
Segundo dados do Banco de Informação de Geração da Aneel (BIG), existem dois empreendimentos no Brasil com geração de energia elétrica a partir do biogás de aterro, com capacidade para produzir 20.030 kW. Há outro em construção, com capacidade para gerar 20.000 kW e mais sete, em processo de outorga, com capacidade para gerar 41.662 kW".

O referido projeto tem por objetivo: (a) valorização energética do biogás ou qualquer outro processo para seu tratamento e/ou valorização aprovado pela Comlurb e licenciado pelos órgãos ambientais; e (b) valorização dos resíduos contidos no aterro, atendida a legislação sanitária e ambiental. Para tanto, realizou-se procedimento licitatório na modalidade "maior oferta", sob regime de outorga de concessão para o aproveitamento do biogás, por 15 anos, que teve como formação da proposta de preços a participação nos valores das RCEs (créditos de carbono que vierem a ser obtidos pela concessionária com as reduções certificadas de emissões de metano), num percentual de 25%. Sagrou-se vencedora a empresa que ofertara à Comlurb o maior percentual sobre o valor das RCEs.

No procedimento licitatório atribuiu-se aos concessionários as despesas necessárias ao desenvolvimento do MDL, como se extrai da apresentação do projeto pela própria Comlurb:[102]

> Os recursos necessários à realização das obras ou serviços e participações financeiras previstas correrão à conta do concessionário, através da venda de créditos de carbono decorrentes de projetos baseados em Mecanismos de Desenvolvimento Limpo no âmbito do Protocolo de Quioto e/ou fontes de receitas acessórias indicadas, totalizando a importância de R$ 153.025.019,02, compreendendo investimentos, custos de capital, de manutenção e operação e participações fixas (Comlurb/Catadores/).

Tal concessão teria como receitas principais os créditos de carbono decorrentes da redução das emissões de metano. Ven-

---

Disponível em: <www.canalbioenergia.com.br/files/revista/oyjznrawkjglkczeyxgbihiogwmejd.pdf>. Acesso em: 20 maio 2009.
[102] Disponível em: <http://comlurb.rio.rj.gov.br/Edital_Biogas/ApresentacaoBiogasGramacho_4_11_05.pdf>. Acesso em: 9 ago. 2010.

cida a licitação, o concessionário deveria realizar implantação de uma nova estação de tratamento de efluentes líquidos para 760m³/dia, investir na recuperação das avenidas Frei Caneca e Monte Castelo, bem como na implantação dos sistemas de captação, tratamento, geração de energia elétrica e queima de biogás. Além disso, após a operação no aterro, até o final da concessão, o concessionário também realizaria monitoramentos ambiental, geotécnico e topográfico; redução, captação e tratamento de efluentes líquidos, emissões gasosas e resíduos sólidos leves; controle de aves e outros vetores; manutenção de todas as instalações e do revestimento vegetal; segurança integral da área.

Neste contexto, vale ser destacada a recente sanção da Lei nº 12.305, de 2 de agosto de 2010,[103] que versa sobre a política nacional de resíduos sólidos. Neste instrumento normativo, há menção clara à possibilidade de recuperação energética dos resíduos sólidos urbanos (art. 9º).[104]

Além do exemplo acima exposto, há outras experiências inovadoras e interessantes que permitem, simultaneamente, a geração de energia, a redução de emissões e a otimização de uso de recursos naturais. Duas iniciativas que merecem menção são

---

[103] Confira-se o dispositivo (Lei nº 12.305/2010):
"Art. 9º. Na gestão e gerenciamento de resíduos sólidos, deve ser observada a seguinte ordem de prioridade: não geração, redução, reutilização, reciclagem, tratamento dos resíduos sólidos e disposição final ambientalmente adequada dos rejeitos.
§1º Poderão ser utilizadas tecnologias visando à recuperação energética dos resíduos sólidos urbanos, desde que tenha sido comprovada sua viabilidade técnica e ambiental e com a implantação de programa de monitoramento de emissão de gases tóxicos aprovado pelo órgão ambiental.
[...]"
[104] Para aprofundamento sobre a *pegada ecológica do município do Rio de Janeiro*, recomenda-se consulta às informações disponíveis em: <www.ence.edu.br/noticias/detalhe_noticia.asp?cod=276> e <www.ecoeco.org.br/conteudo/publicacoes/encontros/v_en/Mesa3/osorrio.pdf>. Acesso em: 2 ago. 2010.

o projeto de biofixação de gás carbônico por meio da atuação de microalgas[105] e o de sequestro geológico de gás carbônico.

A primeira, implementada pela Universidade do Rio Grande do Sul, na Usina Termoelétrica Presidente Médici, em Candiota (RS), por meio do Convênio Eletrobrás/Furg/CGTEE nº 164/2006, permite a absorção de parte do gás carbônico emitido em razão da queima de carvão para a produção de energia elétrica. Tanques repletos de microalgas viabilizam a captação do CO_2 da atmosfera. Após a transformação do CO_2 pelas microalgas, matéria orgânica se forma e permite que, a partir desta, sejam produzidos diversos tipos de biocombustíveis (bioetanol, biodiesel, biometano). Este tipo de empreendimento é extremamente vantajoso e sustentável porque, além de permitir que sejam acumuladas RCEs, facilita a produção de biocombustíveis sem que se tenha de fazer uso da fonte vegetal, o que evita a redução da oferta de grãos e alimentos para a população.

A segunda merece registro porque propicia a formação de reservatórios geológicos de estocagem de CO_2. A ideia consiste na captação de CO_2 da atmosfera e na sua condução, por dutos, a jazidas de óleo (inclusive as do pré-sal) e de gás natural. Esta iniciativa é verdadeiramente relevante em razão de, a um só tempo, ser instrumento para estímulo à formação de petróleo associado, para melhora do desempenho da jazida objeto da intervenção e também ser fator de redução de emissão de CO_2 pelos centros produtores e refinadores de óleo. A concretização deste projeto se deu por via do agir da administração pública indireta federal, em especial por via da atuação da Petrobras.[106]

---

[105] Veja também o artigo científico de Morais e Costa (2008). Disponível em: <www.scielo.br/pdf/qn/v31n5/a17v31n5.pdf>. Acesso em: 20 maio 2009.

[106] "Conforme explica o gerente-geral de Pesquisa e Desenvolvimento de Gás, Energia e Desenvolvimento Sustentável do Cenpes, Ricardo Castello Branco, a Petrobras, ainda em pequena escala, tem projetos de captura de CO_2 de sua fábrica de fertilizantes Fafen, na Bahia, e injeção desse gás em campos maduros do Recôncavo Baiano, para

Visão prospectiva

Mesmo não sendo o Brasil uma das nações mais afetadas pela crise financeira global, pôde-se notar uma fuga de investimentos nos setores voltados para a sustentabilidade, em razão da instabilidade financeira instaurada na União Europeia diante dos episódios de altíssimo endividamento de países como a Grécia e a Espanha.[107]

---

aumentar o fator de recuperação de óleo desses campos. [...] O objetivo do Cenpes é transformar projetos de recuperação avançada de petróleo em projetos integrados de captura e armazenamento geológico de CO_2. Isso não é tudo. 'A Petrobras pretende implantar, até 2008, uma unidade-piloto de tecnologia de captura, transporte e armazenamento de CO_2 em reservatório geológico. Esse projeto será executado utilizando-se tecnologias que vêm sendo desenvolvidas no âmbito do Carbon Capture Project Phase 2, ou CCP2, projeto multicliente que reúne grandes empresas mundiais do setor de petróleo interessadas em desenvolver e aprimorar tecnologias de sequestro de carbono. Os objetivos das pesquisas serão demonstrar a viabilidade técnica e econômica dessas tecnologias e possibilitar o desenvolvimento de metodologias para se avaliar os riscos associados ao armazenamento geológico, quantificar o CO_2 que fica retido nos reservatórios geológicos e monitorar o CO_2 visando a garantir que o processo seja seguro e o gás permaneça confinado por centenas de anos', diz a coordenadora do Programa Tecnológico de Meio Ambiente do Cenpes (Proamb), Thais Murce Mendes da Silva. As tecnologias em desenvolvimento em escala de laboratório pelo projeto CCP2 indicam a possibilidade de se reduzir o custo da captura de CO_2 em cerca de 50%. A prova definitiva disso será obtida, entretanto, mediante a construção de plantas-piloto e protótipos. A expectativa da Petrobras é adotar essas tecnologias em escala comercial a partir de 2012. Ainda no âmbito do sequestro direto de carbono, a Petrobras objetiva pesquisar, na etapa de armazenamento geológico, três tipos de reservatórios: de óleo e gás, aquíferos salinos profundos e minas de carvão. "Estamos interagindo com instituições de pesquisa no exterior para desenvolvermos projetos de armazenamento geológico de CO_2 em reservatórios de petróleo e camadas de carvão que não podem ser exploradas economicamente. As iniciativas são promissoras, tendo em vista que minas de carvão são abundantes no Sul do Brasil. A injeção de CO_2 em camadas de carvão, para armazenamento, acarreta a liberação de gás metano, que pode ser utilizado como combustível, ao passo que o CO_2 fica adsorvido no carvão', conta o coordenador do Projeto Sistêmico de Sequestro de Carbono da Petrobras, Paulo Cunha. Outra possibilidade, que, conforme ele revela, é estudada de forma pioneira pela Petrobras, é a gaseificação do carvão *in situ*. Nesse caso, o carvão se transforma em gás dentro da mina e torna-se menos prejudicial ao clima (*climate changeless coal*) uma vez que o gás produzido do carvão emite menos CO_2 ao ser queimado do que emitiria a queima direta do carvão" (transcrito de matéria publicada em *Petrobras Magazine*, edição 50). Disponível em: <www2.petrobras.com.br/atuacaointernacional/petrobrasmagazine/pm50/port/frmset_carbono.html>. Acesso em: 13 maio 2009.

[107] A ocorrência de uma crise global merece atenção porque é circunstância que enseja reações governamentais instintivas e ocasiona a migração de valores aplicados em setores importantes — como o de combate às mudanças climáticas — para setores

A despeito de alguns revezes recentes no mercado de carbono, decorrentes da crise financeira mundial, é possível entender-se que a expansão deste mercado é um caminho sem volta. Além do aumento gradativo da conscientização acerca da importância da redução de emissões, há uma nítida evolução dos mercados de carbono (seja o mercado de Quioto ou o mercado voluntário), com a geração de instrumentos financeiros. Consequentemente, verifica-se uma aproximação entre a visão capitalista e a necessária responsabilidade social no universo corporativo. Se esta perspectiva econômica gera algumas polêmicas, por outro lado possibilita o desenvolvimento de um mercado que necessita expandir-se para a concretização de projetos socioambientais e para o desenvolvimento sustentável.

No que tange à administração pública, ainda é tímida sua participação nos contratos que têm as RCEs como objeto. Todavia, caberá ao gestor valer-se dos créditos de carbono para aumentar a eficiência e economicidade, ou mesmo viabilizar projetos para o atendimento do interesse público. Trata-se, portanto, de mais um ativo, que não deve ser desprezado, à disposição do administrador.

Glossário[108]

Acordos de Marraqueche (Marrakech *accords*) — Firmados durante a sétima sessão da Conferência das Partes da Convenção-Quadro das Nações Unidas sobre Mudança do Clima (COP-7), no Marrocos, representam as decisões relativas à

---

com necessidades urgentes e imediatas. Em circunstâncias de *decisões trágicas* (Michel Walzer), nota-se uma frequente opção política por soluções presentes, mas paliativas, em detrimento de soluções duradouras, por só apresentarem resultados futuros.
[108] Baseado em Lopes (2002). Adaptado e atualizado pela professora Ignez Vidigal Lopes.

regulamentação do Protocolo de Quioto, inclusive quanto aos de implementação adicional e, por conseguinte, do MDL.

Adicionalidade (*additionality*) — Critério fundamental para que uma determinada atividade de projeto seja elegível ao MDL, consiste na redução de emissões de gases de efeito estufa ou no aumento de remoções de CO_2 de forma adicional ao que ocorreria na ausência de tal atividade.

Anexo B — Neste anexo ao Protocolo de Quioto estão listadas as metas de redução de emissões de gases de efeito estufa, que são exclusivas às partes do Anexo I da CQNUMC.

Aprovação pela autoridade nacional designada (AND) — consiste na aprovação dada pela AND a um país onde são implementadas as atividades de projeto do MDL no sentido de que tais atividades contribuem para o desenvolvimento sustentável desse país.

Atividades de projeto (*project activities*) — Atividades integrantes de um empreendimento ou projeto candidato ao MDL que proporcionam redução da emissão de gases de efeito estufa ou o aumento da remoção de CO_2.

Atividades de projeto de pequena escala (*small scale project activities*) — São atividades de projeto de menor escala que, portanto, passam por um ciclo de projeto mais ágil e com menor custo de transação.

Atores (*stakeholders*) — Os atores são o público, incluindo os indivíduos, grupos e comunidades afetados ou com possibilidade de serem afetados pela atividade de projeto do MDL.

Autoridade nacional designada – ADN (*designated national authority – DNA*) — O governo dos países participantes de uma atividade de projeto do MDL deve designar, junto à CQNUMC, uma autoridade nacional para o MDL. A autoridade nacional designada (AND) atesta que a participação dos países é voluntária e, no caso do país onde são implementadas as atividades de projeto, que as ditas atividades contribuem para o desenvolvimento sustentável do país.

Cenário de referência (*business-as-usual scenario*) — Cenário que quantifica e qualifica as emissões de gases de efeito estufa na ausência da atividade de projeto do MDL.

Certificação (*certification*) — Parte de uma das etapas do ciclo do projeto. Consiste na garantia formal concedida por uma EOD de que uma determinada atividade de projeto atingiu um determinado nível de redução de emissões de gases de efeito estufa ou aumento de remoção de CO_2 durante um período de tempo específico.

Ciclo do projeto (*project cycle*) — Etapas às quais uma atividade de projeto do MDL deve necessariamente se submeter para que possa originar RCEs, a última etapa do ciclo do projeto.

Comércio de emissões — Um dos mecanismos do Protocolo de Quioto. Prevê que partes incluídas no Anexo I podem participar do comércio de emissões com outras partes incluídas no mesmo anexo, com o objetivo de cumprir os compromissos quantificados de limitação e redução de emissões assumidos. A unidade aplicável a este mecanismo é a unidade de quantidade atribuída (UQA).

Comissão Interministerial de Mudança Global do Clima (CIMGC) — Estabelecida por decreto presidencial em 7 de julho de 1999, é a AND do Brasil. Avalia e aprova os projetos considerados elegíveis no âmbito do MDL, bem como pode definir critérios adicionais de elegibilidade àqueles considerados na regulamentação do Protocolo de Quioto.

Conferência das Partes (Conference of the Parties – COP) — Órgão máximo da CQNUMC, composta por todos os países que a ratificaram, é responsável pela sua implementação. A COP se reúne anualmente e já o fez por 14 vezes: COP-1 (Berlim); COP-2 (Genebra); COP-3 (Quioto); COP-4 (Buenos Aires);

COP-5 (Bonn); COP-6 (Haia, convocada novamente em Bonn); COP-7 (Marraqueche); COP-8 (Nova Délhi); COP-9 (Milão); COP-10 (Buenos Aires); COP-11(Montreal); COP-12 (Nairóbi); COP-13 (Báli), COP-14 (Póznan) e COP-15 (Copenhague). Já há previsão para as próximas edições: ainda este ano (2010), entre os dias 29 de novembro e 10 de dezembro, ocorrerá a COP-16, que será sediada pela Cidade do México; a COP-17 está prevista para ser realizada, na África do Sul, em 2011 e a COP-18 será realizada, no ano de 2012, em país da Ásia ainda não definido pela ONU (Catar e Coreia do Sul manifestaram interesse em sediar o evento).

Conferência das Partes na qualidade de Reunião das Partes do Protocolo (Conference of the Parties – COP/Meeting of the Parties – MOP) — Órgão supremo do Protocolo de Quioto, que passa a existir apenas quando este protocolo entra em vigor. Parte das decisões tomadas pelo Comitê Executivo do MDL deverá ser referendada pela COP/MOP.

Conselho Executivo do MDL (CDM Executive Board) — Supervisiona o funcionamento do MDL. Entre as suas responsabilidades, destacam-se: o credenciamento das entidades operacionais designadas; a validação e registro das atividades de projetos do MDL; a emissão das RCEs; o desenvolvimento e operação do registro do MDL e o estabelecimento e aperfeiçoamento de metodologias para linha de base, monitoramento e fugas.

Convenção-Quadro das Nações Unidas sobre Mudança do Clima – CQNUMC (United Nations Framework Convention on Climate Change – UNFCCC) — Convenção negociada sob a égide das Nações Unidas, adotada durante a Rio-92, cujo principal objetivo é a estabilização dos níveis de concentração de gases de efeito estufa na atmosfera num nível que impeça uma interferência antrópica perigosa no sistema climático. O Protocolo de Quioto é um instrumento jurídico complementar vinculado à CQNUMC.

Documento de concepção do projeto – DCP (*project design documento – PDD*) — A elaboração do DCP é a primeira etapa do ciclo do projeto. Todas as informações necessárias às etapas posteriores deverão estar contempladas no DCP.

Emissão de RCEs (*emissions of CERs*) — Etapa final do ciclo do projeto, quando o Conselho Executivo tem certeza de que, cumpridas todas as etapas, as reduções de emissões de gases de efeito estufa decorrentes das atividades de projetos são reais, mensuráveis e de longo prazo, e, portanto, podem dar origem a RCEs.

Entidade operacional designada – EOD (*designated operational entity – DOE*) — Entidade credenciada pelo Conselho Executivo do MDL com a finalidade de: (i) validar as atividades de projeto propostas ao MDL e (ii) verificar e certificar as reduções das emissões de gases de efeito estufa e/ou remoção de CO_2. A entidade operacional depois de credenciada pelo Conselho Executivo deverá, ainda, ser designada pela COP/MOP que, dessa forma, ratificará ou não o credenciamento feito pelo Conselho Executivo.

Fuga (*leakage*) — Corresponde ao aumento de emissões de gases de efeito estufa que ocorre fora do limite da atividade de projeto do MDL e que, ao mesmo tempo, seja mensurável e atribuível a essa atividade de projeto. A fuga é deduzida da quantidade total de RCEs obtidas pela atividade de projeto do MDL. Dessa forma, são considerados todos os possíveis impactos negativos em termos de emissão de gases de efeito estufa da atividade de projeto do MDL.

Gases de efeito estufa (*greenhouse gases – GHG*) — São os gases listados no Anexo A do Protocolo de Quioto, quais sejam: (i) dióxido de carbono (CO_2); (ii) metano (CH_4); (iii) óxido nitroso (N_2O); (iv) hexafluoreto de enxofre (SF_6); e (v) famílias de gases hidrofluorcarbonos (HFCs) e perfluorcarbonos (PFCs), cujas reduções podem gerar RCEs, UQAs e UREs no âmbito do Protocolo de Quioto e, no caso do CO_2, cuja remoção pode gerar URMs.

Implementação conjunta *(joint implementation)* — Outro dos mecanismos do Protocolo de Quioto, pelo qual uma parte incluída no Anexo I pode transferir para ou adquirir de qualquer outra parte incluída no mesmo anexo unidades de redução de emissões (UREs), a fim de cumprir seus compromissos quantificados de limitação e redução de emissões de gases de efeito estufa.

Linha de base *(baseline)* — No âmbito do MDL, a linha de base de uma atividade de projeto é o cenário que representa, de forma razoável, as emissões antrópicas de gases de efeito estufa por fontes que ocorreriam na ausência da atividade de projeto proposta, incluindo as emissões de todos os gases, setores e categorias de fontes listados no Anexo A do Protocolo de Quioto que ocorram dentro do limite do projeto. Serve de base tanto para verificação da adicionalidade quanto para a quantificação das RCEs da atividade de projeto MDL. As RCEs serão calculadas justamente pela diferença entre emissões da linha de base e emissões verificadas em decorrência das atividades de projeto do MDL, incluindo as fugas. A linha de base é qualificada e quantificada a partir de um cenário de referência.

Mecanismo de desenvolvimento limpo – MDL *(clean development mechanism – CDM)* — Um dos três mecanismos de implementação adicional. O MDL foi definido no art. 12 do Protocolo de Quioto e regulamentado pelos acordos de Marraqueche. Dispõe sobre atividades de projetos de redução de emissão de gases de efeito estufa ou aumento de remoção de CO_2, implementadas em partes não incluídas no Anexo I, que irão gerar reduções certificadas de emissões (RCEs).

Monitoramento *(monitoring)* — Quarta etapa do ciclo do projeto. Consiste no processo de coleta e armazenamento de todos os dados necessários para o cálculo da redução das emissões de gases de efeito estufa ou o aumento da remoção de CO_2, de acordo com a metodologia de linha de base da atividade de projeto. O plano de monitoramento deve integrar o DCP e o processo de monitoramento será realizado pelos participantes da atividade de projeto.

Painel Intergovernamental sobre Mudança Climática (Intergovernmental Panel on Climate Change – IPCC) — Painel constituído por cientistas de diversos países e áreas de conhecimento, com o objetivo de dar suporte científico e interagir com a CQNUMC. É o responsável pela divulgação do cálculo do potencial de aquecimento global *(global warming potential – GWP)* e pelas revisões metodológicas deste cálculo.

País onde são implementadas as atividades de projeto do MDL — Parte não incluída no Anexo I (parte não Anexo I) onde são implementadas as atividades de projeto no âmbito do MDL.

Partes — podem ser países isolados ou blocos econômicos, como a União Europeia.

Partes Anexo I — O Anexo I da CQNUMC é integrado pelas partes signatárias da convenção pertencentes, em 1990, à OCDE e pelos países industrializados da antiga União Soviética e do Leste europeu. A divisão entre partes Anexo I e Partes não Anexo I tem como objetivo separar as partes segundo a responsabilidade pelo aumento da concentração atmosférica de gases de efeito estufa. As partes Anexo I possuem metas de limitação ou redução de emissões. Atualmente existem 41 partes listadas no Anexo I.

Partes não Anexo I — As partes não Anexo I são todas as partes da CQNUMC não listadas no Anexo I, entre as quais o Brasil, que não possuem metas quantificadas de redução de emissões. Atualmente existem 151 partes não Anexo I.

Participantes do projeto (*project participants*) — Para efeitos do MDL, são aqueles envolvidos em uma atividade de projeto. Podem ser partes Anexo I, partes não Anexo I ou entidades públicas e privadas dessas partes, desde que por elas devidamente autorizadas.

Período de obtenção de créditos — Período em que as reduções de emissões de gases de efeito estufa decorrentes de atividades de projeto do MDL podem ser contabilizadas para efeito de cálculo das RCEs. As reduções de emissões só poderão ser contabilizados para efeito de cálculo das RCEs após o registro da atividade de projeto no Conselho Executivo do MDL.

Plano de monitoramento *(monitoring plan)* — Ainda que o processo de monitoramento faça parte da terceira etapa do ciclo do projeto, o plano de monitoramento, que define a metodologia para o processo, deve ser definido na primeira etapa, já que é parte integrante do DCP.

Potencial de aquecimento global *(global warming potential – GWP)* — Índice divulgado pelo Intergovernmental Panel on Climate Change (IPCC) e utilizado para uniformizar as quantidades dos diversos gases de efeito estufa em termos de dióxido de carbono equivalente, possibilitando que as reduções de diferentes gases sejam somadas. O GWP que deve ser utilizado para o primeiro período de compromisso (2008-2012) é o publicado no Segundo Relatório de Avaliação do IPCC.

Primeiro período de compromisso *(first commitment period)* — O primeiro período de compromisso refere-se ao período compreendido entre 2008-2012.

Protocolo de Quioto — Instrumento jurídico internacional complementar e vinculado à Convenção-Quadro das Nações Unidas sobre Mudança do Clima, que traz elementos adicionais à convenção. Entre as principais inovações estabelecidas pelo protocolo, destacam-se os compromissos de limitação ou redução quantificada de emissões de gases de efeito estufa, definidos em seu Anexo B, bem como os mecanismos de implementação adicional, entre os quais o MDL.

Reduções certificadas de emissões – RCEs — Representam as reduções de emissões de gases de efeito estufa decorrentes de atividades de projetos elegíveis para o MDL e que tenham passado por todo o ciclo de projeto do MDL (validação/registro, monitoramento e verificação/certificação), que culmina, justamente, com a emissão *ex post* das RCEs. As RCEs são expressas em toneladas métricas de dióxido de carbono equivalente, calculadas de acordo com o potencial de aquecimento global. Uma unidade de RCE é igual a uma tonelada métrica de dióxido de carbono equivalente. As RCEs podem ser utilizadas por partes Anexo I como forma de cumprimento parcial de suas metas de redução de emissão de gases de efeito estufa.

Registro *(registry)* — Parte da terceira etapa do ciclo do projeto (validação/registro). Aceitação formal, pelo Conselho Executivo, de um projeto validado como atividade de projeto do MDL. O registro é o pré-requisito para a verificação, certificação e emissão das RCEs relativas a uma atividade de projeto. Não confundir com "registro do MDL".

Registro do MDL *(CDM registry)* — Estabelecido e supervisionado pelo Conselho Executivo do MDL para assegurar a contabilização acurada da emissão, posse, transferência e aquisição de RCEs. O registro do MDL deve ter a forma de uma base de dados eletrônica padronizada que contenha, *inter alia*, elementos de dados comuns pertinentes à emissão, posse, transferência e aquisição de RCEs. Não deve ser confundido com o registro de uma atividade de projeto do MDL, uma das etapas do ciclo do projeto.

Unidade de quantidade atribuída – UQA *(assigned amount unit – AAU)* — É aplicável no âmbito do art. 17 do Protocolo de Quioto, que trata do mecanismo denominado informalmente "comércio de emissões". Essa unidade é expressa em toneladas métricas de dióxido de carbono equivalente, sendo uma unidade igual a uma tonelada de gases de efeito estufa. A transformação para dióxido de carbono equivalente deve ser feita com base no potencial de aquecimento global.

As UQAs podem ser utilizadas por partes Anexo I como forma de cumprimento parcial de suas metas de redução de emissão de gases de efeito estufa ou transferidas parcialmente para o segundo período de compromisso. A quantidade atribuída a cada parte Anexo I é igual ao percentual constante no Anexo B do protocolo de suas emissões antrópicas equivalentes em CO_2 dos gases de efeito estufa listados no Anexo A em 1990 (ou no ano ou período-base diferente determinado para as economias em transição) multiplicado por 5.

Unidade de redução de emissão – URE (*emission reduction unit – ERU*) — É aplicada no âmbito do art. 6º do Protocolo de Quioto, que trata da implementação conjunta. Essa unidade é expressa em toneladas métricas de dióxido de carbono equivalente, sendo uma unidade igual a uma tonelada de gases de efeito estufa. A transformação para dióxido de carbono equivalente deve ser feita com base no potencial de aquecimento global. As UREs podem ser utilizadas por partes Anexo I como forma de cumprimento parcial de suas metas de redução de emissão de gases de efeito estufa ou transferidas parcialmente para o segundo período de compromisso.

Unidade de remoção – URM (*removal unit – RMU*) — Representa remoções de gases de efeito estufa por sumidouros. As URMs são expressas em toneladas métricas de dióxido de carbono equivalente, sendo uma unidade igual a uma tonelada de gases de efeito estufa. A transformação para dióxido de carbono equivalente deve ser feita com base no potencial de aquecimento global. As URMs podem ser utilizadas por partes Anexo I como forma de cumprimento parcial de suas metas de redução de emissão de gases de efeito estufa em relação ao art. 3º, §3º e §4º, do Protocolo de Quioto. URMs não podem ser transferidas para o segundo período de compromisso.

Validação (*validation*) — Parte da segunda etapa do ciclo do projeto (validação/registro). É o processo de avaliação independente de uma atividade de projeto por uma EOD, no tocante aos requisitos do MDL, com base no DCP.

Verificação (*verification*) — Parte da quinta etapa do ciclo do projeto (verificação e certificação). É o processo de auditoria periódica e independente realizado por uma EOD e destinado à revisão dos cálculos enviados ao Conselho Executivo, por meio do DCP, acerca da redução de emissões de gases de efeito estufa. Esse processo visa verificar, *ex post*, se a redução de emissões efetivamente ocorreram na magnitude prevista *ex ante* no DCP, e prevê ajustes em casos de diferenças. Apenas as atividades de projetos do MDL validadas e registradas são verificadas e certificadas.

Siglas

Quadro 2

Sigla (em português)	Significado	Sigla (em inglês)
AND	Autoridade nacional designada	DNA
CIE	Comércio internacional de emissões	EIT
CIMGC	Comissão Interministerial de Mudança Global do Clima	—
COP	Conferência das Partes	COP
CQNUMC	Convenção-Quadro das Nações Unidas sobre Mudanças Climáticas	UNFCCC
DCP	Documento de concepção do projeto	PDD
EOD	Entidade operacional designada	DOE
IC	Implementação conjunta	JI
MDL	Mecanismo de desenvolvimento limpo	CDM
OMM	Organização Meteorológica Mundial	WMO
PIMC	Painel Intergovernamental sobre Mudanças Climáticas	IPCC

continua

Sigla (em português)	Significado	Sigla (em inglês)
Pnuma	Programa das Nações Unidas para o Meio Ambiente	UNEP
RCE	Redução certificada de emissão	CER
UQA	Unidade de quantidade atribuída	AAU
URE	Unidade de redução de emissão	ERU

Sigla (em Inglês)	Significado	Sigla (em português)
AAU	Assigned amount units	UQA
CDM	Clean development mechanism	MDL
CER	Certified emission reduction	RCE
COP	Conference of the Parties	COP
DNA	Designated national authority	AND
DOE	Designated operational entity	EOD
ERU	Emission reduction unit	URE
IET	International emission trading	CIE
IPCC	Intergovernmental Panel on Climate Change	PIMC
JI	Joint implementation	IC
PDD	Project design document	DCP
UNEP	United Nations Environment Programme	Pnuma
UNFCCC	United Nations Framework Convention on Climate Change	CQNUMC
WMO	World Meteorological Organization	OMM

Questões de automonitoramento

1. Diante do exposto no material, você é capaz de descrever o ciclo do projeto do MDL?
2. Relate as experiências nacionais com o mercado de carbono.
3. Em sua opinião, qual será o futuro do mercado de carbono?

5

Contratos no setor de telecomunicações e radiodifusão

Roteiro de estudo

Breve contextualização do tema

O mundo atual vem passando por um revolucionário processo de desenvolvimento tecnológico, que permite uma intensa e veloz troca de informações entre os indivíduos, com a respectiva quebra das barreiras geográficas. Assim, com o aprimoramento da tecnologia digital, como a internet, novos conceitos e práticas foram sendo introduzidos no cotidiano das pessoas, rompendo com os padrões até então tidos como normais.

Atualmente, é cada vez mais comum a presença e influência da tecnologia na vida social, econômica e política dos indivíduos. A todo o momento surgem novos conceitos, novas tendências e novas tecnologias, capazes de revolucionar o campo das telecomunicações em geral, tornando obsoletos alguns equipamentos que até pouco tempo poderiam representar o que havia de mais moderno no mercado da eletrônica e das comunicações em geral. Em uma sociedade capitalista, os efeitos da tecnologia, especialmente na área de telecomunicações, são de extrema relevância. No mundo dos negócios, contratos são fechados pela internet, convenções se realizam por teletransferências, empresas disseminam ideias e marketing pela rede mundial, aproveitando-se do dinamismo e da redução de custos em geral que a tecnologia permite. Pessoas podem se comunicar pelos mais diversos tipos de mídias, independentemente da distância a que se encontram, com qualidade e preços acessíveis. Em relação à administração pública, não é diferente. Diante dessa nova realidade que se apresenta, cabe ao Estado, a princípio, um duplo desafio: primeiramente, deve implementar medidas que visem à sua modernização, aproveitando os benefícios da era digital, como a informatização de processos judiciais, criação de portais de informação na rede mundial de computadores e adoção de práticas informatizadas em geral, através da internet, como é o caso do pregão eletrônico para a aquisição de bens e serviços comuns. Além disso, o Estado, por meio de seus poderes constituídos e em todos os níveis federativos, deve estar atento às peculiaridades do mercado de telecomunicações e radiodifusão, altamente influenciado pela tecnologia, e, portanto, extremamente mutável. Nesse sentido, deve adotar medidas que visem à regulação das práticas mercadológicas nesse setor, definindo conceitos e áreas de atuação, a fim de que se confira segurança jurídica para o investimento privado e acesso com qualidade aos serviços de telecomunicação por partes dos usuários.

Sem dúvida, todas essas transformações repercutem no mundo do direito, que deve estar atento a esse novo cenário, adequando seus tradicionais institutos ou estabelecendo novas regras que permitam que a tecnologia seja utilizada em benefício das pessoas.[109] Para tanto, emergiu, como parte do denominado direito administrativo regulatório, o direito das telecomunicações, com sua legislação específica, que busca conceituar e regular as mais diversas formas de telecomunicações, estabelecendo alguns parâmetros para o setor, não obstante a grande dificuldade de se legislar em tal campo, tendo em vista as constantes evoluções tecnológicas que caracterizam as telecomunicações.

Disciplina normativa: aspectos constitucionais e infraconstitucionais

Com o avanço da denominada "reforma do Estado",[110] que tinha por fim a redução da atuação/prestação direta de servi-

---

[109] De acordo com Peck (2002:30-31), "o maior compromisso dos operadores do Direito Digital é evitar qualquer tipo de arbitrariedade. Por isso a discussão de projetos de lei sobre temas que envolvem informática, Internet, e-commerce, crimes virtuais deve ser feita com a sociedade civil, envolvendo empresas e organizações sociais, para não cometermos o erro de desmoralizar a lei, desacreditando o Direito. As características do Direito Digital, portanto, são as seguintes: celeridade, dinamismo, autorregulamentação, poucas leis, base legal na prática costumeira, uso da analogia e solução por arbitragem. [...] Não devemos achar, portanto, que o Direito Digital é totalmente novo. Ao contrário, ele tem guarida na maioria dos princípios do Direito atual, além de aproveitar a maior parte da legislação em vigor. A mudança está na postura de quem a interpreta, aplica e, principalmente, na mudança de postura dos advogados".

[110] No final do século XX teve início, no Brasil, o chamado Programa de Desestatização, conforme explica Souto (2005a:58-59): "A ideia do programa passou por duas categorias de preocupações, uma de natureza ideológica e a outra de natureza financeira. A natureza ideológica parte do reconhecimento de que há necessidade de se estabelecerem prioridades diante da insuficiência de recursos públicos, devendo o Estado escolher onde ele pode melhor atuar com os parcos recursos públicos e transferir para o setor privado aqueles em que este possa se conduzir melhor do que o que poderia oferecer à sociedade o setor público. A outra categoria de preocupações é no sentido de que este Estado que reconhece que não tem recursos públicos suficientes é um Estado que precisa de recursos com a maior urgência e, portanto, independentemente da sua falta de capacidade de investimento nos próprios serviços públicos, ele já entra no processo de desestatização numa condição de penúria e, portanto, precisa tomar capital privado além daquele que deve ser aportado na melhoria do serviço público. Daí serem estabelecidos objetivos de arrecadação dos recursos públicos não só para a utilização nas finalidades em que o Estado deva estar presente (notadamente saúde, educação, segurança) como um outro fator fundamental e que frequentemente tem passado despercebido, que é o papel de redução da dívida pública, propiciado por estes programas de desestatização.

ços e atividades por parte deste, retomou-se a ideia de *Estado subsidiário*, em que o poder público deixaria para a iniciativa privada a execução de algumas atividades econômicas (não obstante a formulação de mecanismos essenciais de controle dessas atividades — Estado regulador), permanecendo somente com as atividades indelegáveis aos particulares (que dependessem, por exemplo, do poder de império estatal, ou as consideradas estratégicas para o Estado).

Sendo assim, em decorrência das profundas alterações econômicas, sociais e políticas por que passa a sociedade atual e, por outro lado, diante da ausência de recursos públicos para investimentos e da não rara incapacidade de gerenciamento e execução por parte da administração pública, optou-se por um modelo de Estado gerencial. Este delega a prestação de atividades ou serviços aos particulares (respeitando, assim, o princípio da eficiência e buscando a ampliação da quantidade e qualidade de bens e/ou serviços oferecidos à coletividade), mas estabelece regras essenciais de planejamento, atingimento de metas e fiscalização da atuação daqueles a quem delegou.

Essa nova concepção de Estado e de administração pública refletiu-se também nos serviços de telecomunicação e radiodifusão.

Inicialmente, o serviço de telecomunicação foi concebido como monopólio da União, excepcionando apenas alguns tipos de serviços de telecomunicações, que poderiam ser prestados por pessoa jurídica de direito privado por meio das chamadas redes públicas de telecomunicações.

Em outras palavras, um programa de desestatização não teve apenas uma questão ideológica ou aspecto filosófico de entender que o particular é melhor que o Estado; menos isso!. Mais importante é que o Estado precisava vender direitos à exploração do serviço público para poder gerar receita e diminuir a dívida pública".

Entretanto, o grande avanço tecnológico introduzido na área de telecomunicações fez com que fosse quebrada a tese do monopólio natural do setor, tornando possível, dessa forma, a prestação do serviço pela iniciativa privada e também a expansão da qualidade e quantidade dos serviços ofertados à população em geral.

Assim, a Emenda Constitucional nº 8, de 15 de agosto de 1995, alterou a redação do art. 21, XI, da CF/88, que passou a ter o seguinte teor:

> Art. 21. Compete à União:
>
> [...]
>
> XI – explorar, diretamente ou mediante autorização, concessão ou permissão, os serviços de telecomunicações, nos termos da lei, que disporá sobre a organização dos serviços, a criação de um órgão regulador e outros aspectos institucionais;
>
> XII – explorar, diretamente ou mediante autorização, concessão ou permissão:
>
> a) os serviços de radiodifusão sonora, e de sons e imagens;
>
> (Redação dada pela Emenda Constitucional nº 8, de 15-8-95)
>
> [...]

Frise-se, portanto, que a referida emenda constitucional permitiu a quebra do monopólio da União sobre os serviços de telecomunicações (não obstante continuar ela sendo a titular do referido serviço), conferindo a possibilidade de exploração dos serviços por particulares (pelos instrumentos jurídicos elencados no próprio artigo), além de prever a instituição de uma agência reguladora para atuar na área de telecomunicações.

Cumpre, por oportuno, destacar que telecomunicação difere de radiodifusão sonora (rádio) e de sons e imagens (televisão). O primeiro traço diferenciador encontra-se na própria Constituição Federal de 1988 (art. 21 transcrito acima), que trata os dois ramos em incisos distintos, a saber: art. 21, XI, para os serviços de telecomunicações; e art. 21, XII, "a", para os serviços de radiodifusão. Há também diferenciação quanto ao regramento normativo[111] da questão, sendo certo que a área das telecomunicações possui uma disciplina legal mais abrangente e genérica.

Assim, constata-se que, a partir de meados da década de 1990, iniciou-se no Brasil uma grande transformação na área de telecomunicações, ampliando-se a possibilidade da prestação de inúmeros outros serviços (além do tradicional serviço de telefonia fixada prestado pelo Estado — diretamente ou por estatais).

Isto demandou também uma gama maior de legislação para disciplinar a instalação, a oferta, o uso e o controle dos novos serviços de telecomunicações e radiodifusão disponibilizados.

Nesse sentido, foi editada a denominada Lei da TV a Cabo (Lei nº 8.977/1995),[112] que buscou reger a prestação do serviço

---

[111] Os serviços de radiodifusão são regulados pelo antigo Código Brasileiro de Telecomunicações (CBT), Lei nº 4.117/192, que define serviço de radiodifusão como o "destinado a ser recebido direta e livremente pelo público em geral, compreendendo radiodifusão sonora e televisão". Em documento apresentado pelo Ministério das Comunicações sobre a radiodifusão pode-se perceber o alcance e a importância do respectivo serviço: "É importante frisar que os serviços de radiodifusão, como definidos na Constituição Federal, têm por fundamento filosófico a finalidade educativa e cultural, a promoção da cultura nacional e regional e o estímulo à produção independente que objetive sua divulgação, a regionalização da produção cultural, artística e jornalística e o respeito aos valores éticos e sociais da pessoa e da família, sendo permitida a exploração comercial deles/desses serviços, na medida em que não prejudique esse interesse e aquela finalidade". Disponível em: <www.patec.com.br/radiodifusao/20-o-que-e-radiodifusao>. Acesso em: 19 nov. 2007.

[112] Sobre o tema, confira-se o ensinamento de Mascarenhas (2008:167): "Situação peculiar é a do serviço de TV a cabo. Trata-se de atividade regida por lei própria (cujo art. 2º define-o como serviço de telecomunicações), cuja eficácia foi expressamente ressalvada pelo art. 212 da Lei Geral de Telecomunicações. Este mesmo dispositivo, no entanto, transferiu à Agência as competências atribuídas pela referida Lei ao Poder Executivo. No entanto, em relação ao serviço de TV a cabo, tal como em relação aos serviços de radiodifusão (mas de forma distinta dos serviços de telecomunicações objeto da Lei Geral de Telecomunicações), a preocupação do legislador é não apenas acerca da forma e dos meios de 'transportar' determinado conteúdo, mas sim acerca do próprio conteúdo transportado".

de televisão a cabo em um mercado projetado para atender a demanda de usuários específicos e em regime de concorrência entre empresas privadas.

Posteriormente, surgiu a chamada Lei Mínima (Lei nº 9.295/1996), que, na esteira do exposto pela EC nº 8/1995, estabeleceu os instrumentos necessários para que particulares pudessem explorar os serviços de telefonia celular móvel, além de prever também a possibilidade de exploração dos serviços de transporte de sinais de telecomunicações por satélites.

Todavia, o grande marco legislativo no setor das telecomunicações se deu com a edição da Lei nº 9.472, de 16 de julho de 1997, conhecida como Lei Geral de Telecomunicações (LGT), que dispôs sobre a organização dos serviços de telecomunicações e previu a criação e o funcionamento de um órgão regulador. Tal norma constitui-se em um importante instrumento legislativo do setor, uma vez que estabeleceu o regramento básico para as telecomunicações no Brasil, estipulando, por exemplo, os deveres do poder público, os direitos e deveres dos usuários dos serviços de telecomunicações, a organização e a forma de prestação de tais serviços, os conceitos fundamentais, os instrumentos hábeis para a fruição dos serviços etc. Também criou a Agência Nacional de Telecomunicações (Anatel), uma autarquia especial cujos objetivos principais e mecanismos de atuação foram igualmente estipulados na referida lei.

Sobre o tema, cite-se a posição de Marques Neto (2006:304-305):

> Após a Lei Mínima, vários regulamentos foram editados buscando a desestruturação do monopólio estatal, culminando, finalmente, com a edição da Lei Geral de Telecomunicações — LGT (nº 9.472, de 1997). Esta lei, apesar das críticas que sofreu, é um dos documentos legais mais vanguardeiros, não só no Brasil como no próprio contexto internacional. [...]

A Lei Geral de Telecomunicações traz uma infinidade de transformações, como, por exemplo, os conceitos, os princípios, os pressupostos do modelo. Introduz o marco da nova política do setor (ou, se quisermos, a política inaugural do setor de telecomunicações). Ou seja, introduz um contorno para a qualificação e regulamentação dos serviços de telecomunicações.

A lei dispõe como serão classificados os serviços de telecomunicação, cria a Anatel, inova em diversos conceitos de Direito Público, por exemplo na ideia de autorização, do próprio regime de licitações que ela introduz; e, além disso, faz a perspectiva de uma base sobre a qual será edificado o novo modelo de prestação do serviço de telecomunicações. Para isto, o diploma adota uma perspectiva muito inovadora, que é uma perspectiva de criar um núcleo básico de definição e remeter a quem tem a competência e o encargo de precisar como é o serviço de telecomunicação, o enquadramento específico de cada tipo de atividade, cada tipo de serviço, dentro da grade de classificação que ela introduz.

Esta classificação introduzida pela Anatel se concretiza em dois documentos básicos, mencionado alhures, que são o Plano Geral de Outorgas (PGO) e o Plano Geral de Metas de Universalização (PGMU).

Em linhas gerais, o PGO estabelece por quem, quando e como o serviço de telecomunicações será prestado; e o PGMU estabelece as metas que a União quer ver atendidas com a prestação do serviço.

Diversas outras leis[113] de grande relevância foram sendo editadas pelo legislador ordinário no que tange às telecomu-

---

[113] Cite-se, por exemplo: Lei nº 9.612, de 19-2-1998 — Institui o serviço de radiodifusão comunitária (contém alterações incluindo as da Medida Provisória nº 2.216-37/2001); Lei nº 10.052, de 28-11-2000 — Cria o Fundo para o Desenvolvimento Tecnológico das Telecomunicações (Funttel); Lei nº 10.098, de 19-12-2000 — Estabelece normas e critérios básicos para a promoção da acessibilidade das pessoas portadoras de deficiência ou com mobilidade reduzida; Lei nº 10.222, de 9-5-2001 — Padroniza o volume de

nicações e radiodifusão. Destaque-se também que, em virtude da mutabilidade do setor das telecomunicações em geral (alavancado pelo avanço tecnológico constante), há necessidade de que as normas sejam constantemente criadas ou modificadas, a fim de que não fiquem defasadas e sem aplicabilidade prática. Por esse motivo, muitas das regras que regem o setor em análise estão dispostas em decretos,[114] portarias,[115] resoluções,[116] ou em outros atos infralegais, justamente para conferir maior

---

áudio das transmissões de rádio e televisão nos espaços dedicados à propaganda e dá outras providências; Lei nº 10.359, de 27-12-2001 — Dispõe sobre a obrigatoriedade de os novos aparelhos de televisão conterem dispositivos que possibilitem o bloqueio temporário de recepção de programação inadequada; Lei nº 10.610, de 20-12-2002 — Dispõe sobre a participação de capital estrangeiro nas empresas jornalísticas e de radiodifusão sonora e de sons e imagens, conforme o §4º do art. 222 da Constituição; altera os arts. 38 e 64, da Lei nº 4.117, de 27-8-1962, e o §3º, do art. 12, do Decreto-Lei nº 236, de 28-2-1967, e dá outras providências (para consulta do texto integral, já estando as alterações incluídas no CBT); Lei nº 10.702, de 14-7-2003 — Altera a Lei nº 9.294, de 15-2-1996, que dispõe sobre restrição ao uso e à propaganda de produtos fumígeros, bebidas alcoólicas, medicamentos, terapias e difusivos agrícolas nos termos do §4º do art. 220 da Constituição Federal.

[114] Citem-se, por exemplo: Decreto nº 2.615, de 3-6-1998 — Regulamento do serviço de radiodifusão comunitária; Decreto nº 3.737, de 30-1-2001 — Dispõe sobre a regulamentação do Fundo para o Desenvolvimento Tecnológico das Telecomunicações (Funttel); Decreto nº 4.733, de 10-6-2003 — Dispõe sobre políticas públicas de telecomunicações; Decreto nº 5.371, de 17-2-2005 — Aprova o regulamento do serviço de retransmissão de TV e serviço de repetição de televisão, ancilares ao serviço de radiodifusão de sons e imagens (alterado pelo Decreto nº 5.413, de 6-4-2005); Decreto nº 5.820, de 29-6-2006 — Dispõe sobre a implantação do SBTVD-T, estabelece diretrizes para a transição do sistema de transmissão analógica para o sistema de transmissão digital.

[115] Citem-se, por exemplo: Portaria nº 264, de 9-2-2007, do Ministério da Justiça — Regulamenta os processos de classificação indicativa de obras audiovisuais destinadas à televisão e congêneres; Portaria nº 447, de 9-8-2007, do Ministério das Comunicações — Dispõe sobre o recadastramento das exploradoras dos serviços de radiodifusão com vistas à atualização de dados cadastrais e homologação de atos, e dá outras providências; Portaria nº 465, de 22-8-2007, também do Ministério das Comunicações — Aprova a Norma nº 1/2007, anexa, que estabelece os procedimentos operacionais necessários ao requerimento para a execução do serviço especial para fins científicos ou experimentais.

[116] Citem-se, por exemplo, as resoluções da Anatel: Resolução nº 480, de 14-8-2007, publicada no *Diário Oficial* de 17-8-2007; Resolução nº 482, de 25-9-2007, publicada no *Diário Oficial* de 3-10-2007; Resolução nº 484, de 5-11-2007, publicada no *Diário Oficial* de 8-11-2007.

agilidade na regulação e regulamentação por parte da Anatel[117] e do próprio Poder Executivo federal quantos aos serviços de telecomunicações.

Delimitação e conceituação do tema

Para que se possa melhor compreender o tema em análise torna-se essencial definir alguns conceitos e demonstrar como o serviço de telecomunicações e de radiodifusão foi disposto pelo ordenamento jurídico pátrio.

A Lei Geral de Telecomunicações (LGT) definiu os principais conceitos e classificações quanto aos serviços de telecomunicações.[118]

Segundo o art. 60 e parágrafos da LGT:

Art. 60. Serviço de telecomunicações é o conjunto de atividades que possibilita a oferta de telecomunicação.

§1º Telecomunicação é a transmissão, emissão ou recepção, por fio, radioeletricidade, meios ópticos ou qualquer outro processo eletromagnético, de símbolos, caracteres, sinais, escritos, imagens, sons ou informações de qualquer natureza.

§2º Estação de telecomunicações é o conjunto de equipamentos ou aparelhos, dispositivos e demais meios necessários à realização de telecomunicação, seus acessórios e periféricos, e, quando for o caso, as instalações que os abrigam e complementam, inclusive terminais portáteis.

---

[117] Destaque-se a Resolução Anatel nº 73/1998, conhecida como Regulamento Geral dos Serviços de Telecomunicações.

[118] É de extrema importância a definição do que se compreende como serviço de telecomunicações, especialmente para a definição do tributo que irá incidir sobre a prestação. Como exemplo, ver o REsp nº 710774/MG. Rel. Min. Eliana Calmon. Segunda Turma. Julgamento: 7-2-2006. Publicação: *Diário Oficial* de 6-3-2006, p. 332.

Marques Neto (2006:309) define o serviço de telecomunicações como:

> [...] o serviço de telecomunicações consiste em um transporte de coisas não tangíveis, de coisas não físicas (a voz, dados, sinais, imagens etc.), por alguns meios que dão suporte a esta utilidade (fio, meio eletromagnético, ótico). A definição legal é aberta e abrangente devido ao fato de ser impossível fixar o conceito de telecomunicações em determinadas modalidades, como, por exemplo, telefonia fixa comutada, telégrafo, telefonia móvel celular e TV a Cabo ou por radiodifusão. Relembramos que, neste setor, a tecnologia traz inovações a todo o momento. É, pois, impossível adstringir, restringir ou colocar em texto legal definições que abranjam tais transformações tecnológicas, pois a regulamentação destes serviços tem que ser cambiante o suficiente para seguir o fluxo da evolução tecnológica.

Pela clareza com que expõe o tema, cite-se o ensinamento de Mascarenhas (2008:43, grifos do autor):

> Há na definição de "telecomunicação" três elementos distintos: um que trata do "conteúdo" ou "objeto" da telecomunicação (*símbolos, caracteres, sinais, escritos, imagens, sons ou informações de qualquer natureza*"); outro que trata do meio, ou forma, pelo qual "transita" este conteúdo ("*fio, radioeletricidade, meios ópticos ou qualquer outro processo eletromagnético*") e o terceiro que trata de definir de que tipo de "trânsito" se trata ("*transmissão, emissão ou recepção*").
>
> Ou seja, podemos, para efeitos puramente didáticos, perguntar primeiro *do que* estamos falando, e a resposta será da *transmissão, emissão ou recepção*; depois indagar o que se está *transmitindo, emitindo ou recebendo*, e a resposta será *símbolos, caracteres, sinais, escritos, imagens, sons ou informações de qualquer natureza*

e finalmente podemos perguntar *como* se está transmitindo e a resposta será *por fio, radioeletricidade, meios ópticos ou qualquer outro processo eletromagnético.*

Note-se que a presença dos três elementos é essencial para que exista *juridicamente* telecomunicação. Assim, por exemplo, a comunicação por correio implica a *emissão* (1º elemento) de escritos (3º elemento), mas que não se realiza por nenhum dos meios necessários para que haja telecomunicação.

Por outro lado, na prestação de serviços de eletricidade temos a transmissão (3º elemento), por fio (2º elemento), mas de algo diverso, ou seja, energia elétrica.

De todo modo a definição é amplíssima, sendo difícil imaginar qualquer forma de *comunicação* que utilize qualquer aparelho elétrico (salvo talvez os aparelhos que apenas ampliam a voz) e que não possa ser considerada como tele*comunicação.*

Frise-se, por oportuno, que os denominados serviços de valor adicionado, que conferem novas formas de "acesso, armazenamento, apresentação, movimentação ou recuperação de informações" aos serviços de telecomunicações,[119] não se confundem com estes, sendo o seu provedor considerado um usuário do serviço de telecomunicações (com os direitos e deveres previstos em lei). Já os serviços de TV a cabo, não obstante estarem disciplinados em legislação própria,[120] são considerados serviços de telecomunicações.

Conforme já exposto anteriormente, os serviços de radiodifusão sonora e de sons e imagens, apesar de inseridos dentro do contexto geral de telecomunicações, não foram tratados pela Lei Geral de Telecomunicações (LGT), que manteve em vigor, quanto ao tema, as disposições constantes do antigo Código

---

[119] Conforme disposto no art. 61, *caput* e §1º, da Lei nº 9.472/1997.
[120] Ver Lei nº 8.977/1995, art. 2º.

Brasileiro de Telecomunicações (Lei nº 4.117/1962), restringindo a área de atuação da Anatel (ver art. 211 da Lei nº 9.472/1997) e mantendo as atuações necessárias no setor como competência do Poder Executivo federal.

Após essa análise sobre a conceituação do serviço de telecomunicações, torna-se imperioso traçar algumas linhas sobre a classificação desses serviços e suas respectivas formas de prestação, conforme estabelece a própria Lei nº 9.472/1997.

Quanto à *"abrangência dos interesses a que atendem* os serviços de telecomunicações podem ser de *interesse coletivo* ou de *interesse restrito"* (art. 62, *caput*, Lei nº 9.472/1997, grifos nossos).

Em suma, os serviços de interesse coletivo devem ser prestados indistintamente a qualquer interessado em sua fruição. Já os de interesse restrito podem ser prestados a usuários específicos, escolhidos pelas prestadoras,[121] ou ao próprio executor do serviço.

Se por um lado as prestadoras de serviços de interesse restrito possuem maior liberdade de atuação, por outro não podem exigir direitos perante as prestadoras de serviço de interesse coletivo (ex.: compartilhamento de redes e interconexão). Além do mais, o próprio parágrafo único do art. 62 da LGT dispõe: "Os serviços de interesse restrito estarão sujeitos aos condicionamentos necessários para que sua exploração não prejudique o interesse coletivo".

Por sua vez, as prestadoras de serviços de interesse coletivo poderão, por exemplo, se utilizar de redes e infraestrutura públicas, mas estarão sujeitas a compartilhar a rede ou permitir a interconexão com outras prestadoras de serviço de interesse coletivo.

Quanto ao "regime jurídico de sua prestação", dispõe o art. 63 da LGT que os serviços de telecomunicações se dividem em *públicos* e *privados*.

---

[121] Ver arts. 17 e 18 da Resolução Anatel nº 73/1998.

A própria lei se encarregou de definir o que seria serviço público de telecomunicações no parágrafo único do referido art. 63: "Serviço de telecomunicações em regime público é o *prestado mediante concessão ou permissão*, com atribuição a sua prestadora de obrigações de *universalização* e de *continuidade*" (grifos nossos).

A LGT não definiu o conceito de serviço privado de telecomunicações,[122] conferindo maior flexibilidade à prestação de tais serviços.

De fato, parece que o melhor entendimento é de que independentemente de qual seja o regime jurídico de prestação, público ou privado, o serviço de telecomunicações em si consiste em um serviço público,[123] com suas condicionantes estabelecidas em lei ou em atos infralegais.[124]

A Lei nº 9.472/1997 estabelece que os serviços de interesse restrito deverão ser prestados exclusivamente no regime privado (art. 67). Registre-se, também, que a própria LGT[125] prevê a possibilidade de que serviços de interesse restrito não dependam nem mesmo de autorização para serem prestados por particulares (ex.: instalação e operação de interfones em um condomínio).

---

[122] A esse respeito, cf. art. 14 do Regulamento de Serviços das Telecomunicações: "Art. 14. Os serviços de telecomunicações explorados no *regime privado* não estão sujeitos a obrigações de universalização e continuidade, nem prestação assegurada pela União" (grifos nossos).

[123] Nesse sentido, ver Souto (2002:34). Em sentido diametralmente oposto, ver Lunardelli (2002:267-273).

[124] Cite-se, por exemplo, o art. 146, I, da LGT c/c o art. 12 do Regulamento Geral de Interconexão.

[125] Confiram-se os dispositivos:
"Art. 75. Independerá de concessão, permissão ou autorização a atividade de telecomunicações restrita aos limites de uma mesma edificação ou propriedade móvel ou imóvel, conforme dispuser a Agência.
[...]
Art. 131. A exploração de serviço no regime privado dependerá de prévia autorização da Agência, que acarretará direito de uso das radiofrequências necessárias.
[...]
§2º A Agência definirá os casos que independerão de autorização".

Os serviços de telecomunicações de interesse coletivo poderão ser prestados em regime público, privado ou de forma concomitante nos dois regimes, seja em âmbito nacional, regional, local ou numa área específica (art. 65, I, II, III, §2º, da Lei nº 9.472/1997).

Esta mesma lei, entretanto, tratou de fazer algumas exigências prévias, tais como: os serviços de interesse coletivo definidos como essenciais — sujeitos à universalização — não poderão ser prestados apenas em regime privado (art. 65, §1º); quando houver prestação concomitante no regime público e privado deverão ser tomadas medidas que garantam a não inviabilização econômica do serviço prestado no regime público (art. 66); necessidade de que o serviço telefônico fixo comutado (STFC) seja prestado em regime público, diante de sua essencialidade e necessidade de universalização e continuidade (art. 64, parágrafo único); vedação de que uma mesma pessoa jurídica explore de forma direta ou indireta uma mesma modalidade de serviço nos regimes público e privado, a não ser que seja em áreas, localidades ou regiões diferentes (art. 68).

Reafirmando o disposto até aqui, recorre-se novamente à valiosa lição de Marques Neto (2006:312-313):

> Dentro da grade de classificação, podemos ter um serviço de interesse coletivo prestado em regime público, sendo objeto de concessão ou de permissão, ou um serviço de interesse coletivo (até mesmo aquela modalidade prestada também em regime público) prestado em regime privado, sendo objeto de uma autorização. Por outro lado, o serviço poderá ser de interesse restrito, prestado apenas em regime privado, podendo ser objeto de autorização ou livre de autorização, nos casos em que a regulamentação assim preconizar (autorização tácita).
>
> A concretização do que são serviços de interesse restrito e de interesse coletivo vem no Regulamento Geral de Serviço de

Telecomunicações, Resolução Anatel 73, de dezembro de 1998. O critério adotado por este ato normativo é um tanto perigoso, mas astuto, pois consiste na discricionariedade da prestadora na postulação de uma autorização. Ou seja, a Anatel reconhece como de interesse restrito uns poucos serviços. Há, porém, uma margem muito grande de serviços que a Anatel entende que possam ser classificados como de interesse coletivo ou como de interesse restrito, cabendo à prestadora, quando da postulação de uma autorização, dizer se ela quer prestá-los em âmbito coletivo ou em âmbito restrito. Porém, quando o fizer, ela estará assumindo as condicionantes do serviço coletivo ou do serviço restrito.

[...]

O art. 17 da Resolução 73 da Anatel preconiza que serviço de telecomunicações de interesse coletivo é aquele cuja prestação deve ser proporcionada pela prestadora a qualquer interessado na sua prestação, em condições não discriminatórias e observados os requisitos da regulamentação. Já o interesse restrito será definido, no art. 18 do mesmo diploma legal, como aquele destinado ao uso do próprio executante ou prestado a determinados grupos de usuários que terão que ser declarados ao se postular a autorização, selecionados pela prestadora mediante critérios por ela estabelecidos e observados os requisitos da regulamentação [...]

Quando postular um serviço de interesse coletivo o prestador terá direito de passagem, direito de exploração industrial de sua rede, um plano público de numeração, precedência no uso da radiofrequência. Contudo, terá também a obrigação de não discriminar usuários [...]

O prestador de interesse restrito terá que disputar infraestrutura e as demais prerrogativas enumeradas acima, porém possuirá o direito de excluir do serviço qualquer usuário que não lhe convenha.

Já a diferença na classificação entre serviço prestado no regime público ou no regime privado, basicamente, revela-se na perspectiva dos ônus que são imputáveis ao prestador em regime público e da falta de ônus e uma maior liberdade que se atribui ao prestador em regime privado. Basicamente, o núcleo destes ônus consiste no dever de universalização e de continuidade. O prestador em regime público tem obrigação de levar o serviço para determinadas regiões mesmo que estas não sejam economicamente interessantes, bem como tem a obrigação de continuidade, que não é aplicável ao prestador em regime privado.

Breves considerações sobre a atuação da Agência Nacional de Telecomunicações (Anatel)

Conforme já mencionado, o sistema das telecomunicações está calcado basicamente na harmonia entre a expansão dos serviços para o maior número de usuários (universalização) e a competição entre possíveis operadoras do serviço de telecomunicações (possibilitando a oferta de novos serviços, com maior qualidade e menor custo).

Para alcançar tais objetivos, buscou-se adotar a denominada "assimetria regulatória". Por este modelo, aquelas sociedades empresárias que sucederam as do sistema Telebrás e que, portanto, já contavam com uma infraestrutura organizada, com clientes previamente definidos, uma marca estável etc. possuem a obrigação de universalizar o serviço, a ser expandido inclusive para as áreas mais remotas (mesmo que estas não se apresentem atrativas economicamente). Já as sociedades empresárias que não sucederam as do sistema Telebrás, apesar de não contarem com os benefícios antes citados, por outro lado não têm a obrigação de expansão do serviço, podendo atuar no mercado de uma forma mais livre (não obstante as exigências legais e infralegais), de modo a estimular a competição com as demais prestadoras de serviço de telecomunicações (Marques Neto, 2006:307).

Para conformar os diversos interesses envolvidos, tornou-se essencial a criação de uma agência reguladora específica para atuar no mercado de telecomunicações.

Assim, a Lei Geral de Telecomunicações (Lei nº 9.472/1997) criou a Agência Nacional de Telecomunicações (Anatel), estabelecendo suas atribuições principais, dispondo sobre arrecadação de receitas, entre outras providências. A Anatel foi formalmente instituída com o Decreto Federal nº 2.338/1997, que detalhou a forma de atuação e composição da agência. Posteriormente, foi editado o Regimento Interno da Anatel (Resolução nº 1/1997, alterada pela Resolução nº 197/1999), especificando ainda mais as competências e o funcionamento dos diversos órgãos da agência, além de estabelecer um código de procedimento administrativo próprio da agência (conferindo, assim, maior segurança jurídica para todos os envolvidos no serviço de telecomunicações).

Conforme dispõe o art. 1º, *caput*, da LGT, compete à União, seja pelo Poder Executivo ou pelo Legislativo, estabelecer as políticas de telecomunicações. Dessa forma, a própria Lei Geral de Telecomunicações tratou de assegurar essa competência, prevendo, por exemplo: as possíveis atuações do Poder Executivo em seu art. 18;[126] a divisão do país em áreas para a exploração de serviços em

---

[126] "Art. 18. Cabe ao Poder Executivo, observadas as disposições desta Lei, por meio de decreto:
I – instituir ou eliminar a prestação de modalidade de serviço no regime público, concomitantemente ou não com sua prestação no regime privado;
II – aprovar o plano geral de outorgas de serviço prestado no regime público;
III – aprovar o plano geral de metas para a progressiva universalização de serviço prestado no regime público;
IV – autorizar a participação de empresa brasileira em organizações ou consórcios intergovernamentais destinados ao provimento de meios ou à prestação de serviços de telecomunicações.
Parágrafo único. O Poder Executivo, levando em conta os interesses do País no contexto de suas relações com os demais países, poderá estabelecer limites à participação estrangeira no capital de prestadora de serviços de telecomunicações."

regime de direito público (art. 84);[127] competência do Executivo para outorga de serviços de radiodifusão sonora e de sons e imagens (art. 211, *caput*);[128] e a instalação da Anatel, com a nomeação de seus conselheiros e ouvidor (arts. 10, 23 e 45, *caput*).[129] Nesse contexto, após definida a política a ser adotada na área de telecomunicações, cabe à Anatel implementá-la (arts. 1º e 19, I,[130] da Lei nº 9.472/97). Para tanto, a agência deve atuar com o máximo de independência (conforme reza o próprio *caput* do art. 19 da LGT), cabendo à lei fixar as medidas que assegurem, na

---

[127] "Art. 84. As concessões não terão caráter de exclusividade, devendo obedecer ao plano geral de outorgas, com definição quanto à divisão do País em áreas, ao número de prestadoras para cada uma delas, seus prazos de vigência e os prazos para admissão de novas prestadoras.

§1º As áreas de exploração, o número de prestadoras, os prazos de vigência das concessões e os prazos para admissão de novas prestadoras serão definidos considerando-se o ambiente de competição, observados o princípio do maior benefício ao usuário e o interesse social e econômico do País, de modo a propiciar a justa remuneração da prestadora do serviço no regime público.

§2º A oportunidade e o prazo das outorgas serão determinados de modo a evitar o vencimento concomitante das concessões de uma mesma área."

[128] "Art. 211. A outorga dos serviços de radiodifusão sonora e de sons e imagens fica excluída da jurisdição da Agência, permanecendo no âmbito de competências do Poder Executivo, devendo a Agência elaborar e manter os respectivos planos de distribuição de canais, levando em conta, inclusive, os aspectos concernentes à evolução tecnológica."

[129] "Art. 10. Caberá ao Poder Executivo instalar a Agência, devendo o seu regulamento, aprovado por decreto do Presidente da República, fixar-lhe a estrutura organizacional. [...] Art. 23. Os conselheiros serão brasileiros, de reputação ilibada, formação universitária e elevado conceito no campo de sua especialidade, devendo ser escolhidos pelo Presidente da República e por ele nomeados, após aprovação pelo Senado Federal, nos termos da alínea *f* do inciso III do art. 52 da Constituição Federal. [...] Art. 45. O Ouvidor será nomeado pelo Presidente da República para mandato de dois anos, admitida uma recondução."

[130] "Art. 19. À Agência compete adotar as medidas necessárias para o atendimento do interesse público e para o desenvolvimento das telecomunicações brasileiras, atuando com independência, imparcialidade, legalidade, impessoalidade e publicidade, e especialmente:

I – implementar, em sua esfera de atribuições, a política nacional de telecomunicações."

prática, uma atuação independente da autarquia especial. Nesse sentido, dispõe o art. 8º da Lei Geral de Telecomunicações:

> Art. 8º. Fica criada a Agência Nacional de Telecomunicações, entidade integrante da Administração Pública Federal indireta, submetida a regime autárquico especial e vinculada ao Ministério das Comunicações, com a função de órgão regulador das telecomunicações, com sede no Distrito Federal, podendo estabelecer unidades regionais.
>
> [...]
>
> §2º A natureza de autarquia especial conferida à Agência é caracterizada por *independência administrativa, ausência de subordinação hierárquica, mandato fixo e estabilidade de seus dirigentes e autonomia financeira* [grifos nossos].

Entre as atribuições[131] da Anatel podemos destacar as de organizar e regulamentar o setor de telecomunicações; fiscalizar as atividades realizadas pelas prestadoras do serviço (seja no regime público ou no privado); impor sanções para as prestadoras que descumprirem a lei ou os regulamentos; restringir a entrada de determinado grupo empresarial em uma área específica do setor de telecomunicações, garantindo a concorrência no mercado; administrar o Fundo de Fiscalização das Telecomunicações (Fistel); outorgar concessões, permissões e autorizações dos serviços de telecomunicação e outorgar direito de uso de radiofrequência e de órbita espacial; estabelecer situações que não constituam serviços de telecomunicações;[132] dirimir possíveis

---

[131] Frise-se que o Decreto nº 2.338/1997, que instituiu a Anatel, permite que esta terceirize suas atividades, independentemente de qualquer outra autorização por parte do Poder Executivo.
[132] Ver art. 3º da Resolução Anatel nº 73/1998:
"Art. 3º. Não constituem serviços de telecomunicações:
I – o provimento de capacidade de satélite;

conflitos existentes entre as diversas partes envolvidas (poder concedente, concessionária, usuários).

Vale mencionar, ainda, que a Lei Geral de Telecomunicações permitiu que a agência editasse regulamento contendo suas normas próprias para as licitações e contratações públicas (quando da concessão, permissão ou autorização dos respectivos serviços públicos de telecomunicações), não estando sujeita, portanto, a todas as normas previstas na Lei nº 8.666/1993.[133]

II – a atividade de habilitação ou cadastro de usuário e de equipamento para acesso a serviços de telecomunicações;
III – os serviços de valor adicionado, nos termos do art. 61 da Lei nº 9.472 de 1997.
Parágrafo único. A Agência poderá estabelecer outras situações que não constituam serviços de telecomunicações, além das previstas neste artigo".

[133] Registre-se que essa regra foi muito questionada na doutrina, que sustentava não ser possível uma pessoa jurídica de direito público (autarquia especial) não se sujeitar aos ditames da Lei Geral de Licitações e Contratações Públicas e, além disso, eventual disciplina sobre licitações e contratos deveria ser veiculada por lei da União, e não por um ato infralegal de uma autarquia (violação ao princípio da legalidade). Sobre o tema, ver a decisão em Medida Cautelar proferida pelo STF na ADI-MC 1668/DF. Tribunal Pleno. Rel. Min. Marco Aurélio. Julgamento: 20-8-1998. Publicação: 16-4-2004, p. 52.
Ainda nesta seara, o próprio STF legitimou a modalidade leilão para a realização de procedimentos de desestatização nas telecomunicações. Veja-se:
"Ementa: Ação Direta de Inconstitucionalidade. Parágrafo único do artigo 191 da Lei Federal nº 9.472/97. Delegação e concessão de serviço público. Organização dos serviços de telecomunicações. Modalidade de licitação. Leilão. Processo de desestatização. Privatização. Alienação do controle acionário. Ausência de processo licitatório. Alegação de violação do disposto nos artigos 37, inciso XXI, e 175, da Constituição do Brasil. Inocorrência.
1. As privatizações — desestatizações — foram implementadas mediante a realização de leilão, modalidade de licitação prevista no artigo 22 da Lei nº 8.666/93 que a um só tempo transfere o controle acionário da empresa estatal e preserva a delegação de serviço público. O preceito impugnado não é inconstitucional.
2. As empresas estatais privatizadas são delegadas e não concessionárias de serviço público. O fato de não terem celebrado com a União contratos de concessão é questão a ser resolvida por outra via, que não a da ação direta de inconstitucionalidade.
3. Ação Direta de Inconstitucionalidade julgada improcedente".
Em sentido contrário, sustentando a viabilidade jurídica de a agência editar um regulamento próprio para suas licitações e contratos, cite-se Porto Neto (2006:298): "Na verdade, trata-se, mais uma vez, de problema concernente ao conteúdo do princípio da legalidade. A Lei Geral de Telecomunicações não se limita a conferir à Agência poderes para editar o regulamento de licitações e deixa a seu critério a definição do regime a ser por ele adotado. O art. 89 da Lei Geral de Telecomunicações fixa, de forma detalhada,

É oportuno registrar que foram suscitados vários questionamentos quanto à constitucionalidade do poderes (principalmente os normativos e judicantes) conferidos às agências reguladoras (inclusive à Anatel).

Sustenta uma parte da doutrina a inconstitucionalidade dos artigos da LGT que conferem poderes normativos à agência, entendendo que haveria, principalmente, uma afronta ao princípio da legalidade e usurpação de competência do Poder Legislativo (cuja função precípua é legislar) com a consequente violação da separação de poderes.

Entretanto, essa não parece ser a solução mais adequada ao caso. Perceba-se que a Lei Geral de Telecomunicações (editada pelo Poder Legislativo) não delega pura e simplesmente o poder de legislar à agência (o que, de fato, seria inconstitucional), mas predetermina critérios a serem seguidos pela autarquia especial quando da edição de suas normas específicas, o que se apresenta, a princípio, como constitucional, privilegiando-se o princípio da eficiência e especificidade, permitindo uma regulação mais precisa e eficaz. Nesse sentido[134] cite-se a posição de Porto Neto (2006:290-291):

> Parece-me certo, porém, que a Lei Geral de Telecomunicações não teve a pretensão de excluir a Anatel da subordinação à lei, ou seja, não há o intuito de subtrair sua atuação do princípio da legalidade pedra de toque do regime jurídico-administrativo brasileiro.
> [...]
> os *standards* (parâmetros) que a Agência deve observar nesta regulamentação — quais sejam, os critérios de julgamento, de desempate das propostas [...], de forma que existe delegação pura e simples de competência normativa, como me referi antes, que não pode ser qualificada de inconstitucional. Ao contrário, há tratamento bastante extenso desta matéria e perfeitamente ajustado ao texto da Constituição Federal".

[134] Ver, também, Mastrobuono (2001:11-18).

Não resta dúvida de que a pura e simples delegação de competência normativa para a Administração não é comportada pelo ordenamento jurídico. A lei não pode simplesmente autorizar que a administração pública exerça a função normativa. Seria verdadeiro despropósito admitir que a Constituição repartisse as funções do Estado (função legislativa, executiva e jurisdicional) para permitir que, posteriormente, o legislador as reunisse num ou outro ente.

Não é possível admitir que o princípio da legalidade, uma garantia constitucional, seja esvaziado por ato do próprio legislador.

Entendo, no entanto, que esta circunstância é muito diferente daquela em que o legislador define, na própria lei, alguns *standards* (parâmetros) que devem ser observados pela administração pública na expedição de normas gerais e abstratas. É legítima a outorga de competência normativa para a Administração quando a própria lei fixe estes parâmetros de forma clara e concreta, fazendo com que ela exerça essa competência em conformidade com a vontade do legislador (ou da lei). Ou seja, devem estar contidos na própria lei os princípios, os limites de atuação da Agência no exercício da competência normativa e as finalidades que devem, por meio dela, ser alcançadas. Fica superado, então, o questionamento constitucional a respeito da possibilidade do exercício de competência normativa pela Agência, em face do princípio da legalidade.

É importante registrar que a Lei Geral de Telecomunicações fixa condicionamentos bastante rigorosos tanto no que se refere ao conteúdo dos assuntos que devam ser tratados pela Agência como na definição dos procedimentos, ou seja, dos caminhos que a Anatel deve percorrer para a edição de seus atos. Toda atuação da Anatel é controlada, disciplinada e limitada pela lei, de modo que não se pode dizer, pelo menos no caso específico da Anatel, que haja violação ao princípio da legalidade.

Algumas formas contratuais utilizadas

Concessão, permissão e autorização dos serviços

Os serviços de telecomunicações prestados em regime público podem ser delegados aos particulares por meio da concessão ou permissão de serviços públicos. Segundo o próprio art. 83, parágrafo único, da LGT:

> Art. 83. A exploração do serviço no regime público dependerá de prévia outorga, pela Agência, mediante concessão, implicando esta o direito de uso das radiofrequências necessárias, conforme regulamentação.
> Parágrafo único. Concessão de serviço de telecomunicações é a delegação de sua prestação, mediante contrato, por prazo determinado, no regime público, sujeitando-se a concessionária aos riscos empresariais, remunerando-se pela cobrança de tarifas dos usuários ou por outras receitas alternativas e respondendo diretamente pelas suas obrigações e pelos prejuízos que causar.

As concessões dos serviços de telecomunicações, que devem, em regra, respeitar o prévio procedimento licitatório,[135] não deverão ser implementadas com o caráter de exclusividade, visto que um dos objetivos é a maximização da competição entre as diversas prestadoras e a especificidade do próprio mercado,[136] cabendo à Anatel a manutenção do equi-

---

[135] A Lei Geral de Telecomunicações estabelece que a Anatel deverá disciplinar a respectiva licitação, prevendo ainda uma série de regras básicas que devem ser seguidas pela autarquia especial nesse mister — ver arts. 88 a 92 da Lei nº 9.472/1997.

[136] Cite-se a lição de Souto (2004a:175): "Em mais uma inovação quanto às licitações, o procedimento licitatório das concessões de serviços de telecomunicações dar-se-á na modalidade de convocação geral, sendo a minuta de edital objeto de consulta pública

174

líbrio entre as diversas partes envolvidas (poder concedente, concessionária e usuários).[137] Prevê a Lei Geral de Telecomunicações que as concessões devem ser feitas em separado para cada modalidade de serviço, devendo-se definir com precisão os direitos e deveres dos envolvidos no negócio (art. 85 da LGT).

Registre-se, por relevante, que, em recente decisão, o Superior Tribunal de Justiça consagrou o entendimento de que são legais as cobranças de tarifas básicas de consumo dos serviços de telecomunicações, em decisão assim ementada (EDcl no AgRg no Recurso Especial nº 1.018.394 - RS [2007/0306074-1]):

---

prévia; quanto aos fatores de julgamento, são estabelecidos os de menor tarifa, maior oferta pela outorga e, já na linha da Lei nº 9.648, de 27-5-1998, a melhor qualidade dos serviços e melhor atendimento da demanda, respeitado o princípio da objetividade. Ao contrário da Lei nº 9.247, de 26-12-1996, que, ao criar a Aneel, traça algumas normas sobre licitação, sem excepcionar a regra, admite-se a inexigibilidade de licitação quando a competição for inviável ou desnecessária, assim considerada esta última nos casos em que se admita a exploração do serviço por todos os interessados que atendam às condições requeridas. A declaração de inexigibilidade, entretanto, depende de chamamento público para apurar o número de interessados.
As normas sobre o contrato de concessão observam, basicamente, o que já consta dos artigos 55 da Lei nº 8.666/93 (licitações) e 23 da Lei nº 8.987/95 (concessões), com destaque para os incisos III e IV, que mencionam a necessidade das 'regras, critérios, indicadores, fórmulas e parâmetros definidores da implantação, expansão, alteração e modernização do serviço, bem como de sua qualidade', e ainda os deveres relativos à universalização e à continuidade do serviço. São os fatores objetivos de aferição do serviço adequado a que se referem as Leis de Defesa do Consumidor (Lei nº 8.078/90) e de Concessões e que podem justificar a intervenção e a caducidade".
[137] Confira-se a teor da norma (Lei nº 9.472/1997):
"Art. 84. As concessões *não terão caráter de exclusividade*, devendo obedecer ao plano geral de outorgas, com definição quanto à divisão do País em áreas, ao número de prestadoras para cada uma delas, seus prazos de vigência e os prazos para admissão de novas prestadoras.
§1º As áreas de exploração, o número de prestadoras, os prazos de vigência das concessões e os prazos para admissão de novas prestadoras serão definidos considerando-se o *ambiente de competição, observados o princípio do maior benefício ao usuário e o interesse social e econômico do País*, de modo a propiciar a *justa remuneração da prestadora do serviço no regime público.*
§2º A oportunidade e o prazo das outorgas serão determinados de modo a evitar o vencimento concomitante das concessões de uma mesma área" (grifos nossos).

Administrativo. Recurso Especial. Ação anulatória c/c repetição de indébito. Serviço de telefonia. Cobrança de "assinatura básica residencial". Natureza jurídica: Tarifa. Prestação do serviço. Exigência de licitação. Edital de desestatização das empresas federais de telecomunicações MC/BNDES 01/98. Contemplando a permissão da cobrança da tarifa de assinatura básica. Contrato de concessão que autoriza a mesma exigência. Resoluções nos 42/04 e 85/98, da Anatel, admitindo a cobrança. Disposição na Lei nº 8.987/95. Política tarifária. Lei nº 9.472/97. Ausência de ofensa a normas e princípios do CDC. Precedentes da corte. Legalidade da cobrança da assinatura básica de telefonia. "Recurso Especial representativo de controvérsia". Artigo 543-C do CPC. Resolução STJ 8/2008. Artigo 557 do CPC. Aplicação.

1. A assinatura básica é remunerada por tarifa cujo regramento legal legitimante deriva dos seguintes diplomas: (i) artigo 175, parágrafo único, III, da Constituição Federal; e (ii) artigo 2º, II, da Lei nº 8.987/95, que regulamenta o artigo 175 da CF/88, ao disciplinar o regime de concessão e permissão da prestação de serviços públicos, exige que o negócio jurídico bilateral (contrato) a ser firmado entre o poder concedente e a pessoa jurídica concessionária seja, obrigatoriamente, precedido de licitação, na modalidade de concorrência.

2. Deveras, os concorrentes ao procedimento licitatório, por ocasião da apresentação de suas propostas, foram instados a indicar o valor e os tipos das tarifas exigíveis dos usuários pelos serviços prestados.

3. A vinculação do Edital ao contrato tem como consectário que as tarifas fixadas pelos proponentes sirvam como um dos critérios para a escolha da empresa vencedora do certame, sendo elemento contributivo para se determinar a viabilidade da concessão e estabelecer o que é necessário ao equilíbrio econômico-financeiro do empreendimento, tanto que o art. 9º da Lei nº 8.987, de 1995, determina que "a tarifa do serviço

público concedido será fixada pelo preço da proposta vencedora da licitação ...".

4. Outrossim, no contrato de concessão firmado entre a recorrida e o poder concedente, há cláusula expressa refletindo o constante no Edital de Licitação, contemplando o direito da concessionária em exigir do usuário o pagamento mensal da tarifa de assinatura básica.

5. Destarte, a permissão da cobrança da tarifa mencionada constou nas condições expressas no Edital de Desestatização das Empresas Federais de Telecomunicações (Edital MC/BN-DES 01/98), para que as empresas interessadas, com base nessa autorização, efetuassem as suas propostas, razão pela qual as disposições do Edital de Licitação foram, portanto, necessariamente consideradas pelas empresas licitantes na elaboração de suas propostas.

6. O contrato de concessão firmado entre a recorrida e o poder concedente ostenta cláusula expressa afirmando que "para manutenção do direito de uso, as prestadoras estão autorizadas a cobrar tarifa de assinatura", segundo tabela fixada pelo órgão competente. Estabelece, ainda, que a tarifa de assinatura inclui uma franquia mínima de pulsos.

7. Sob o ângulo prático, a tarifa mensal de assinatura básica, incluindo o direito do consumidor a uma franquia mínima de pulsos, além de ser legal e contratual, justifica-se pela necessidade de a concessionária manter disponibilizado o serviço de telefonia ao assinante, de modo contínuo e ininterrupto, o que lhe exige dispêndios financeiros para garantir a sua eficiência.

8. A regulação do sistema está assentada na ilegalidade da Resolução nº 85 de 30-12-1998, da Anatel, ao definir: "XXI – Tarifa ou Preço de Assinatura — valor de trato sucessivo pago pelo assinante à prestadora, durante toda a prestação do serviço, nos termos do contrato de prestação de serviço, dando-lhe direito à fruição contínua do serviço".

9. Ademais, a Resolução nº 42/05 da Anatel estabelece, ainda, que "para manutenção do direito de uso, caso aplicável, as Concessionárias estão autorizadas a cobrar tarifa de assinatura mensal", segundo tabela fixada.

10. Em suma, a cobrança mensal de assinatura básica está amparada pelo art. 93, VII, da Lei nº 9.472, de 16-7-1997, que a autoriza, desde que prevista no Edital e no contrato de concessão, razão pela qual a obrigação do usuário em pagar tarifa mensal pela assinatura do serviço decorre da política tarifária instituída por lei, sendo certo que a Anatel pode fixá-la, por ser a reguladora do setor, amparada no que consta expressamente no contrato de concessão, com respaldo no art. 103, §3º e §4º, da Lei nº 9.472, de 16-7-1997.

11. A cobrança mensal de assinatura, no serviço de telefonia, sem que chamadas sejam feitas, não constitui abuso proibido pelo Código de Defesa do Consumidor, quer sob o ângulo da legalidade, quer por tratar-se de serviço que é necessariamente disponibilizado, de modo contínuo e ininterrupto, aos usuários.

12. A abusividade do Código de Defesa do Consumidor pressupõe cobrança ilícita, excessiva, que possibilite vantagem desproporcional e incompatível com os princípios da boa-fé e da equidade, inocorrentes no caso sub judice.

13. Os serviços de consumo de água adotam prática de cobrança mensal de tarifa mínima, cuja natureza jurídica é a mesma da ora debatida, porquanto o consumidor só paga pelos serviços utilizados [...].

Há, também, limitações de ordem subjetiva quanto ao concessionário, conforme se depreende dos arts. 86 e 87 da LGT. Confira-se:

Art. 86. A concessão somente poderá ser outorgada a empresa constituída segundo as leis brasileiras, com sede e administração no País, criada para explorar exclusivamente os serviços de telecomunicações objeto da concessão.

Parágrafo único. A participação, na licitação para outorga, de quem não atenda ao disposto neste artigo, será condicionada ao compromisso de, antes da celebração do contrato, adaptar-se ou constituir empresa com as características adequadas.

Art. 87. A outorga a empresa ou grupo empresarial que, na mesma região, localidade ou área, já preste a mesma modalidade de serviço, será condicionada à assunção do compromisso de, no prazo máximo de dezoito meses, contado da data de assinatura do contrato, transferir a outrem o serviço anteriormente explorado, sob pena de sua caducidade e de outras sanções previstas no processo de outorga.

Assim, quanto aos demais aspectos relevantes da concessão do serviço de telecomunicações, a própria Lei nº 9.472 tratou de estabelecer o regramento mínimo quanto aos contratos a serem celebrados (arts. 93 a 99), aos bens que podem ser destinados à concessão (arts. 100 a 102), à forma de remuneração básica do concessionário (arts. 103 a 109), às hipóteses e forma de intervenção do poder concedente na respectiva concessão (arts. 110 e 111), bem como à extinção da concessão (arts. 112 a 117).

Reafirme-se, portanto, que a Lei Geral de Telecomunicações não delegou à agência todo o poder de regulamentar os serviços de telecomunicações (como se conferisse um "cheque em branco" à mesma), mas criou balizamentos mínimos que devem obrigatoriamente pautar a atuação da Anatel, inclusive quando da concessão do serviço público.

Ainda no que tange ao contrato de concessão do serviço público de telecomunicações, frise-se que, por ser um contrato formatado em um ambiente regulado, que visa a estimular a competição entre as diversas prestadoras do serviço, cabe ao poder concedente uma especial atenção na realização desse instrumento jurídico, com a clara definição do objeto contratual (desde a fase interna da licitação) e o estudo prévio e detalhado de todos os riscos que envolvam o respectivo negócio, a fim de que se possa melhor reparti-los entre a concessionária e o concedente, mantendo-se o equilíbrio contratual e, especialmente, a expansão e qualidade na fruição dos serviços aos usuários.[138] Já a permissão dos serviços restringe-se à hipótese específica prevista na Lei Geral de Telecomunicações, art. 118,[139] estando nesta disposto o seu regramento básico.

Em relação aos serviços de telecomunicações prestados no regime privado a forma prevista foi a de autorização.[140] Conforme preceitua a própria Lei nº 9.472/1997:

---

[138] Sobre o tema, ver a obra de Perez (2006).

[139] "Art. 118. Será outorgada permissão, pela Agência, para prestação de serviço de telecomunicações em face de situação excepcional comprometedora do funcionamento do serviço que, em virtude de suas peculiaridades, não possa ser atendida, de forma conveniente ou em prazo adequado, mediante intervenção na empresa concessionária ou mediante outorga de nova concessão.
Parágrafo único. Permissão de serviço de telecomunicações é o ato administrativo pelo qual se atribui a alguém o dever de prestar serviço de telecomunicações no regime público e em caráter transitório, até que seja normalizada a situação excepcional que a tenha ensejado."

[140] Cite-se a posição de Marques Neto (2006:315): "A autorização na Lei Geral de Telecomunicações é muito diferente daquilo que nós vimos na doutrina clássica administrativa. A razão principal para este fato é que o legislador achou por bem tratar a autorização em matéria de serviço de telecomunicações de forma diferenciada, por considerar superada a velha doutrina de classificação. [...] O legislador não considerou a autorização de telecomunicações um ato discricionário, mas sim um ato vinculado. [...] No nosso entender, não avistamos óbices para a exigência de autorização para o setor de telecomunicações. A Constituição Federal, em seu art. 170, parágrafo único, dispõe que 'é assegurado a todos o livre exercício de qualquer atividade econômica, independentemente de autorização de órgãos públicos, salvo nos casos previstos em lei'. Sendo assim, se o constituinte disse isto é porque admitiu que, quando a lei entender conveniente, esta poderá exigir autorização para a exploração de determinada atividade econômica. Além disso, como mencionamos, a Emenda Constitucional nº 8, de 1995, introduziu no art. 21, XI, da Constituição Federal a perspectiva de que o serviço de telecomunicações será objeto de autorização, concessão ou permissão. Neste sentido, o art. 175 da Constituição Federal dispõe que a prestação de serviços públicos incumbe ao Poder Público diretamente ou sob o regime de permissão ou concessão. Ou seja, os serviços que não são prestados em regime público, mas sim em regime privado, devem ser objeto de autorização por força do art. 21, XI, combinado com o art. 175, ambos da Constituição Federal. Só assim se consegue a necessária integração sistêmica do texto constitucional".

Art. 131. A exploração de serviço no regime privado dependerá de prévia autorização da Agência, que acarretará direito de uso das radiofrequências necessárias.

§1º Autorização de serviço de telecomunicações é o ato administrativo vinculado que faculta a exploração, no regime privado, de modalidade de serviço de telecomunicações, quando preenchidas as condições objetivas e subjetivas necessárias.

§2º A Agência definirá os casos que independerão de autorização.

[...]

Dessa forma, a própria LGT disciplinou os requisitos objetivos (art. 132) e subjetivos (art. 133) para a autorização do serviço de telecomunicações prestados no regime privado, além das formas de extinção do referido instrumento jurídico (arts. 138 a 144).

Os serviços de radiodifusão, conforme já mencionado, estão disciplinados na Lei nº 4.117/1962, que prevê as formas nas quais o referido serviço poderá ser prestado. Reafirme-se que a própria Constituição Federal de 1988, em seu art. 21, XII, "a", permite a exploração direta ou mediante autorização, concessão ou permissão os serviços de radiodifusão sonora e de sons e imagens. Sobre o tema, cite-se documento elaborado pelo Ministério das Comunicações[141] sobre radiodifusão:

> Esse permissivo constitucional constava igualmente de Constituições anteriores, incluindo a que vigorava em 1962, data da edição da Lei nº 4.117/62 e de seu regulamento (Decreto nº

---

[141] Fonte: site do Ministério das Comunicações. Disponível em: <www.mc.gov.br/images/radiodifusao/o-que-e/o-que-e.doc>. Acesso em: 19 nov. 2007.

52.026, de 20 de maio de 1963), assim como do Regulamento dos Serviços de Radiodifusão (Decreto nº 52.795, de 63). Segundo o disposto na Lei nº 4.117/62 e no Regulamento dos Serviços, "é atribuição do Presidente da República a outorga da concessão ou autorização para os serviços de televisão e de serviços de radiodifusão sonora regional e nacional" e, do Contel (Conselho Nacional de Telecomunicações, *substituído* pelo Ministério das Comunicações), "a outorga da permissão para a execução do serviço de radiodifusão sonora local, assim como dos serviços públicos restritos, limitado, de radioamador e especial" (cf. §5º do art. 33 e §1º do art. 34 da Lei citada c/c art. 6º do mencionado Regulamento).

Assim, as outorgas para a execução dos serviços de radiodifusão de sons e imagens (TV) e as de radiodifusão sonora em ondas curtas (OC); em ondas tropicais (OT) e ondas médias (de âmbito nacional – OM-N, assim consideradas as que operam com potência acima de 10 kW) e as de (âmbito regional – OM-R com potência entre 1 e 10 kW, inclusive) são conferidas via concessão pelo Presidente da República.

As outorgas para a execução do serviço de radiodifusão sonora em ondas médias locais (OM-L potência de 100, 250 ou 500 Watts) e as de frequência modulada (FM) são conferidas por meio de permissão, via Portaria do Ministro de Estado das Comunicações.

A partir da década de 1980, o Ministério das Comunicações estabeleceu que as outorgas para execução dos serviços sob consideração, por parte das pessoas jurídicas de direito público interno (dos Estados e Municípios), seriam feitas mediante 'autorização'.

O serviço de Radiodifusão Comunitária — RadCom também é outorgado por meio de autorização, como previsto no art. 10 da Lei nº 9.612/98 [grifo no original].

[...]

Outros possíveis contratos[142]

A viabilidade do serviço de telecomunicação só se efetiva por meio das denominadas "redes de telecomunicação".[143] A Lei Geral de Telecomunicações reservou um capítulo especial paras as redes de telecomunicações. Confira-se o art. 146 da referida norma:

Art. 146. As redes serão organizadas como vias integradas de livre circulação, nos termos seguintes:

I – é *obrigatória a interconexão* entre as redes, na forma da regulamentação;

II – deverá ser assegurada a operação integrada das redes, em âmbito nacional e internacional;

III – o direito de propriedade sobre as redes é *condicionado* pelo dever de cumprimento de sua *função social* [grifos nossos].

[...]

Destaque-se a obrigatoriedade da interconexão entre as redes. Confira o ensinamento de Mascarenhas (2008:189, grifos do autor) sobre o tema:

Como conceito legal interconexão é a ligação entre redes de telecomunicações funcionalmente compatíveis, de modo que

---

[142] O tópico não tem, por óbvio, a pretensão de esgotar todas as hipóteses contratuais possíveis entre as empresas prestadoras do serviço público ora analisado, mas apenas traçar os contratos mais importantes e necessários, além de indicar algumas das principais dúvidas e controvérsias sobre o tema. Assim, por oportuno, registre-se que um tema que causa polêmica tanto na doutrina quanto na jurisprudência é a necessidade ou não de licitação quando a administração pública for a usuária do serviço público de telecomunicações, tendo em vista a grande oferta de serviços hoje colocada à disposição pelas inúmeras prestadoras. Sobre o tema, ver Souto (2004a:179-193).
[143] Ver art. 3º, VIII, do Regulamento Geral de Interconexão — aprovado pela Resolução Anatel 410/2005. Disponível em: <www.arctel-cplp.org/app/uploads/membros/5559701954c62ac85d5da3.pdf>. Acesso em set. 2010.

183

os usuários de serviços de uma das redes possam comunicar-se com usuários de serviços de outra ou acessar serviços nela disponíveis.

Note-se que na definição legal de interconexão há um elemento "físico" (a "ligação" entre as redes que devem ser funcionalmente compatíveis) e outro teleológico, ou seja, o *objetivo* de tal ligação, que tanto pode ser a viabilização da comunicação entre usuários de serviços das duas redes "ligadas" (objetivo mais comum), como a viabilização de acesso, por usuário de serviço de determinada rede, a um serviço disponível em outra rede. A distinção é importante, pois o fornecimento de interconexão, como se verá a seguir, é, em regra, obrigatório. No entanto, por razões econômicas, são comuns os conflitos entre uma operadora que deseja obter a interconexão e outra operadora que resiste a tanto.

[...]

Nos termos do art. 147 da Lei Geral também é obrigatória a interconexão às redes de telecomunicações destinadas a dar suporte à prestação de serviços de interesse *coletivo* (no regime público ou privado), *solicitada por prestadora de serviço no regime privado* (que, em tese, pode ser de interesse restrito) nos termos da regulamentação. O dispositivo é importante pois, se não fosse a ressalva, poderia parecer que a única interconexão obrigatória é aquela efetuada entre duas redes de telecomunicações destinadas a dar suporte à prestação de serviços de interesse coletivo (no regime público ou privado). Por fim é livre, ou seja, *possível* mas não obrigatória, a interconexão entre redes de suporte à prestação de serviços de telecomunicações no regime privado, observada a regulamentação.

[...]

Outra importante questão relacionada à interconexão é o preço que uma operadora deve pagar por utilizar-se da rede da outra. A matéria é de especial relevo, sobretudo quando envolve a utilização da rede de suporte ao serviço telefônico fixo comutado, que é a rede mais cobiçada exatamente por ser a maior e mais capilar. A questão foi tratada pelo Regulamento de Remuneração pelo Uso de Redes de prestadoras do STFC.[144] Este Regulamento é muito importante pois tentou reduzir a indefinição reinante em relação aos critérios para se chegar ao preço justo a ser cobrado pelo uso de redes, seja por meio da adoção de determinadas fórmulas para o caso de impossibilidade de acordo, seja por meio do tratamento diferenciado das operadoras que são consideradas como detentoras de "Poder de Mercado Significativo (PMS)" definido como "posição que possibilita influenciar de forma significativa as condições do mercado relevante".

A própria LGT tratou de estabelecer os regramentos legais básicos sobre a interconexão,[145] sendo certo que a norma estabeleceu que as condições de interconexão devem ser objeto de livre negociação entre as partes interessadas (observando-se, por óbvio, o que disposto em leis e nos atos infralegais), mediante acordo formalizado por contrato. Tal contrato denomina-se "contrato de interconexão".

Perceba-se que o referido contrato de interconexão torna-se obrigatório, uma vez que não há como executar os serviços de telecomunicações sem interconexão. Sendo assim, caso as partes envolvidas não cheguem a um consenso quanto à interconexão, caberá à Anatel estabelecer unilateralmente as regras de um determinado contrato de interconexão essencial para a fruição de um dado serviço.[146]

---

[144] Aprovado pela Resolução Anatel nº 458, de 8 de fevereiro de 2007.
[145] Ver, por exemplo, os arts. 147, 148, 149, 152 e 153 da Lei nº 9.472/1997.
[146] Confira-se o teor da norma (Lei nº 9.472/1997):
"Art. 153. As condições para a interconexão de redes serão objeto de livre negociação entre os interessados, mediante acordo, observado o disposto nesta Lei e nos termos da regulamentação.

Assim, dada a importância do tema (vital para a viabilidade do serviço de telecomunicação) e visando a conferir publicidade, garantia e segurança jurídica para as prestadoras de serviço, o Regulamento Geral de Interconexão aprovado pela Anatel exige que as prestadoras de serviço de interesse coletivo descrevam todas as informações e condicionamentos para a realização da interconexão, conhecida como "oferta pública de interconexão".

Frise-se, ainda, que o art. 42 do Regulamento Geral de Interconexão estipula as condições básicas que devem constar de um contrato de interconexão. Cite-se a norma:

Art. 42. O contrato de interconexão deve indicar:

I – objeto;

II – modo, forma e condições em que a interconexão será provida;

III – direitos, garantias e obrigações das partes;

IV – preços a serem cobrados, quando não forem fixados pela Anatel;

V – formas de acerto de contas entre as partes;

VI – condições de compartilhamento de infraestrutura;

VII – condições técnicas relativas a implementação e qualidade da interconexão;

VIII – multas e demais sanções;

IX – tratamento dispensado às chamadas fraudulentas, especialmente aspectos do acerto de contas e da ação coordenada de prevenção e controle da fraude;

X – foro e modo para solução extrajudicial das divergências contratuais.

---

§1º O acordo será formalizado por contrato, cuja eficácia dependerá de homologação pela Agência, arquivando-se uma de suas vias na Biblioteca para consulta por qualquer interessado.

§2º Não havendo acordo entre os interessados, a Agência, por provocação de um deles, arbitrará as condições para a interconexão".

Intimamente ligado à questão da interconexão está o denominado compartilhamento de infraestrutura. Isto porque, na necessária interconexão dos serviços de telecomunicações, em algum momento será necessário que as operadoras se utilizem de uma infraestrutura já existente (cabos, fios, dutos etc.) e pertencente a outra operadora. Portanto, para viabilizar o serviço, não raro será necessário se compartilhar as infraestruturas existentes.

Trata-se, em verdade, da materialização do princípio do livre acesso às redes, assim explicitado por Souto (2002:209-210):

> Determinados bens afetados à prestação dos serviços públicos ou para a produção de insumos para a sua prestação são denominados de *essential facilities*; pelo princípio do livre acesso às redes o titular de bem definido como *essential facility* é obrigado a torná-lo disponível em bases não discriminatórias; na mesma linha está o princípio da interconexão obrigatória (às redes e dutos); ambos decorrem dos princípios da livre concorrência e da função social da propriedade.
>
> [...]
>
> Explana Pedro Dutra que o princípio não pode impedir a utilização principal da instalação afetada a um serviço público, nem de modo a desincentivar investimentos em infraestrutura, ou para inviabilizar o retorno financeiro esperado pelo investidor da instalação franqueada. É preciso que a duplicação seja efetivamente inviável e que a utilização se preste a estimular a competição.

Em geral,[147] as prestadoras de serviços de telecomunicações celebram um contrato de compartilhamento de infraestrutura,

---

[147] Por vezes o compartilhamento de rede já vem estipulado no próprio contrato de interconexão.

prevendo, por exemplo, o objeto e as condições do compartilhamento, além do preço que uma desembolsará pelo uso da infraestrutura que se encontra no domínio da outra. Registre-se que, na prática mercadológica, a definição desse valor a ser pago não é algo simples de se convencionar, ocasionando, não raro, disputas entre prestadoras de serviços de telecomunicações. Visando a disciplinar essa questão, a Anatel editou o Regulamento de Compartilhamento de Infraestrutura entre prestadoras de serviço de telecomunicações (aprovado pela Resolução nº 274, de 5 de setembro de 2001).[148]

Destaque-se, ainda, que esse compartilhamento pode ser feito inclusive entre operadoras de setores distintos. Assim, por exemplo, uma determinada operadora de serviço de telecomunicações poderá, em tese, celebrar um contrato com uma prestadora do serviço de energia elétrica com o fito de compartilhar infraestrutura. Nesse sentido, cite-se o art. 73 da Lei nº 9.472/1997:

> Art. 73. As prestadoras de serviços de telecomunicações de interesse coletivo terão direito à utilização de postes, dutos, condutos e servidões pertencentes ou controlados por prestadora de serviços de telecomunicações ou de outros serviços de interesse público, de forma não discriminatória e a preços e condições justos e razoáveis.
>
> Parágrafo único. Caberá ao órgão regulador do cessionário dos meios a serem utilizados definir as condições para adequado atendimento do disposto no *caput*.

Pelo motivo acima exposto, foi editada a Resolução Conjunta nº 1 da Anatel, Aneel e ANP, de 25 de novembro de 1999,

---

[148] Para melhor compreensão deste importante tema, recomenda-se a leitura do respectivo Regulamento de Compartilhamento de Infraestrutura da Anatel. Disponível em: <www.anatel.gov.br/Portal/exibirPortalInternet.do#>. Acesso em: 18 nov. 2007.

regulamentando o uso compartilhado de infraestrutura entre os setores de telecomunicações, energia elétrica e petróleo. Registre-se que esse regulamento conjunto, assim como o Regulamento de Compartilhamento de Infraestrutura da Anatel, também prevê normas para a formalização dos respectivos contratos de compartilhamento, que só ganham eficácia após a homologação pela agência reguladora do setor de atuação da detentora, em procedimento que estabelece a manifestação da agência reguladora do setor de atuação daquela prestadora que solicita o compartilhamento.

Sem dúvida, a Anatel possui um papel importante na definição das regras básicas dos referidos contratos de interconexão e de compartilhamento de infraestrutura, devendo fiscalizar os acordos promovidos entre as prestadoras dos serviços, solucionado, inclusive, possíveis impasses existentes, a fim de que se garanta a continuidade da prestação dos serviços públicos, permitindo a competitividade do mercado e a expansão da oferta de serviços aos usuários.

Questões de automonitoramento

1. Após ler o material, você é capaz de resumir o caso gerador, identificando as partes envolvidas, os problemas atinentes e as soluções cabíveis?
2. Quais são as principais características dos serviços de telecomunicações e radiodifusão e como se inserem no contexto atual?
3. Diferencie serviço de telecomunicações de interesse coletivo de serviço de telecomunicações de interesse restrito.
4. Em que regimes podem ser prestados os serviços de telecomunicações?
5. Identifique as principais funções da Agência Nacional de Telecomunicações (Anatel).

6. Quais as principais formas contratuais utilizadas na prestação dos serviços de telecomunicação e radiodifusão?
7. Pense e descreva, mentalmente, outras alternativas para a solução do caso gerador do capítulo 7.

6

Atividades comunicadas

Roteiro de estudo

Controle estatal da livre iniciativa

A Constituição da República de 1988 é marcada pelo seu caráter fortemente compromissório, conciliando valores que poderiam ser reputados antagônicos, tanto liberais quanto sociais, por meio de um sistema aberto de regras e princípios. Nesse sentido, a interpretação constitucional deve ser o instrumento jurídico para conciliar os interesses conflitantes manifestados pelos diversos segmentos da sociedade pluralista; até pelo poder público.

Um dos principais conflitos intrínsecos ao papel do Estado previsto no texto constitucional reside na coexistência, não necessariamente pacífica, entre a proteção da livre iniciativa e a busca do atendimento de valores sociais. Trata-se do embate entre dois fundamentos da ordem econômica, à margem dos quais deve ser discutida a extensão do controle das liberdades privadas por meio da polícia administrativa e da regulação da economia.

A ponderação de interesses desponta como o meio de conciliar esses princípios constitucionais, de modo a explorá-los ao máximo, sem violar seus núcleos essenciais. Por mais liberal que seja o regime econômico adotado pelos governantes, a liberdade dos indivíduos deve ser contextualizada em face das repercussões sociais de suas atividades, sobretudo em face da dignidade da pessoa humana e da justiça social (Moreira, 2006:31-32).

De fato, a autonomia privada apenas pode ser realmente concebida dentro de certas limitações estatais, visto que tem de guardar harmonia com o direito das outras pessoas a uma idêntica quota de liberdade. Portanto, é inevitável que o Estado intervenha em certos casos, restringindo a autonomia individual, seja para proteger a liberdade dos outros, seja para favorecer o bem comum e proteger a paz jurídica de toda a sociedade (Sarmento, 2005:183).

O princípio da livre iniciativa foi arrolado como fundamento da República (art. 1º, inciso IV, da Constituição em vigor), bem como da ordem constitucional econômica (art. 170 do mesmo diploma), como a liberdade de desenvolvimento de qualquer atividade econômica, independentemente de autorização, ressalvadas as hipóteses previstas em lei, constituindo requisito do desenvolvimento sustentável da nação.

A livre iniciativa pode ser classificada como um direito fundamental de primeira geração, o que lhe implica a natureza de liberdade negativa do administrado, sujeitando o Estado a uma posição de não fazer. Vale dizer, trata-se de um direito contra o Estado, que se caracteriza pela faculdade de exercício de atividade econômica por parte do particular, livre de intromissão do poder público.

A partir da livre iniciativa, a doutrina destaca o princípio da abstenção, que representa o dever do Estado de se abster do exercício de atividades econômicas que não careçam do poder de império estatal. Em consequência, a sociedade civil possui o direito de não sofrer, por parte do Estado, a competição das atividades econômicas por ele desenvolvidas (Souto, 2004c:91), caracterizando uma liberdade econômica.

No entanto, a Constituição é igualmente densa na enunciação de princípios inspirados em ideologias concorrentes à do livre mercado, como o valor social do trabalho e a função social da propriedade.[149] Há, no texto constitucional, disposições abstratas e diretrizes alternativas, de modo que será legítima a liberdade de iniciativa quando exercida e desenvolvida segundo os parâmetros da justiça social e com escopos que atendam à exigência da existência digna do ser humano.

Destarte, a regra da abstenção deve ser compensada pelo princípio da subsidiariedade, que autoriza, em caráter supletivo às necessidades coletivas, que atividades econômicas sejam desempenhadas pelo poder público sob a forma empresarial, diante do imperativo de segurança nacional ou de um relevante interesse coletivo (Souto, 2004c:91), tal qual expresso no art. 173 da Constituição da República.

Além disso, o Estado deve garantir que o uso da liberdade e da propriedade esteja entrosado com a utilidade coletiva, de tal modo que não obste a realização dos interesses públicos. Fala-se em uma função do Estado de disciplinar e restringir, em favor do interesse público, direitos e liberdades individuais, com fundamento na autoridade conferida por lei à administração pública. É o chamado poder de polícia.

A expressão "poder de polícia", no entanto, vem sendo criticada pela doutrina, citando-se o exemplo de Mello (2007:787-788):

---

[149] Nesse sentido, ver Mendonça e Souza Neto (2007:736).

Trata-se de designativo manifestamente infeliz. Engloba, sob um único nome, coisas radicalmente distintas, submetidas a regimes de inconciliável diversidade: leis e atos administrativos; isto é, disposições superiores e providências subalternas. [...] Além, disto, a expressão "poder de polícia" traz consigo a evocação de uma época pretérita, a do "Estado de Polícia", que precedeu ao Estado de Direito. Traz consigo a suposição de prerrogativas dantes existentes em prol do "príncipe" e que se faz comunicar inadvertidamente ao Poder Executivo. Em suma: raciona-se como se existisse uma "natural" titularidade de poderes em prol da Administração e como se dela emanasse intrinsecamente, fruto de um abstrato "poder de polícia". [...] Entre nós, contudo, como esta indesejável terminologia persiste largamente utilizada, não se pode simplesmente desconhecê-la. Daí por que continuaremos a nos servir dela e trataremos do tema sob esta mesma rubrica registrando, entretanto e desde logo, um importante aclaramento. A saber: usaremos a expressão "poder de polícia" quando estivermos nos referindo tanto às leis condicionadoras da liberdade e da propriedade quanto aos atos administrativos pelos quais se procede a suas concreções. Servir-nos-emos da expressão "polícia administrativa" quando reportados tão só a comportamentos administrativos.

Com base na lição de Moreira Neto (2005:396), podemos afirmar um conceito didático de poder de polícia, qual seja:

[...] função administrativa que tem por objeto aplicar concreta, direta e imediatamente as limitações e os condicionamentos legais ao exercício de direitos fundamentais, compatibilizando-os com interesses públicos, também legalmente definidos, com a finalidade de possibilitar uma convivência ordeira e valiosa.

Fala-se, portanto, em polícia administrativa,[150] em sentido estrito, como forma de controle das atividades privadas que, ainda que fundamentadas na livre iniciativa do particular, se oponham ao interesse público. Essa atuação restritiva do Estado é concebida em função da proteção de valores coletivos, não podendo, contudo, ultrapassar um mínimo intangível dos administrados, o que consistiria em abuso de autoridade.

A polícia administrativa é classificada pela doutrina administrativa (Moreira Neto, 2005:395) em quatro aspectos distintos. O primeiro deles é a *ordem ou comando de polícia*, que consiste na proibição ou no condicionamento propriamente ditos. Já pelo *consentimento de polícia*, a administração, por provocação do particular interessado, verifica o atendimento dos limites dispostos na ordem ou comando, o que se manifesta por meio de atos de licença (vinculados) ou de autorização (discricionários).

Não se confunde consentimento com a *fiscalização de polícia*, por força da qual se constata, independentemente de provocação do interessado, se o particular observou ou não os limites impostos na ordem ou comando, dando ensejo, em caso de inobservância, à lavratura de um auto de infração, que poderá ensejar uma *sanção de polícia* — eis o quarto elemento —, que se resume na aplicação da penalidade após o devido processo legal em que seja assegurado o exercício do direito à ampla defesa e ao contraditório, com decisão motivada e pena proporcional à gravidade da falta.

O direito administrativo moderno presencia o desenvolvimento de novas formas alternativas de exercício do poder de

---

[150] Figura distinta da polícia judiciária, que é voltada às pessoas, relacionada com o específico valor contido na liberdade de ir e vir. De modo bem mais amplo, à polícia administrativa defere-se a atuação voltada às atividades, relacionada com todos os demais valores contidos nas liberdades e direitos fundamentais.

polícia, entre as quais podem ser citadas as atividades de mera execução material, nas quais particulares são contratados para exercer atividades de apoio em averiguações, vistorias e laudos técnicos. Separa-se a atividade jurídica de polícia administrativa — que, por conter traços de poder de império, é restrita a servidores públicos — da atividade meramente material, que pode ser realizada por terceiros, particulares contratados (Binenbojm, 2008:31).

É o caso da autorização constante do art. 59 da Lei nº 9.472/1997 (Lei Geral de Telecomunicações) para que a Anatel utilize, mediante contratação, técnicos ou empresas especializadas para atividades de apoio. Outros exemplos de atividades de mera execução material podem ser encontrados no Código Nacional de Trânsito. O art. 104 desse diploma legal admite que a inspeção veicular seja feita por entidades privadas, reservando a adoção da medida administrativa cabível para as autoridades administrativas. Além disso, o art. 280, §2º, exige que a lavratura do auto de infração seja realizada por servidor civil ou militar, enquanto as providências materiais a ela anteriores podem ser empreendidas por terceiros.

Por outro lado, devem ser mencionadas as atividades tacitamente consentidas, para as quais a lei atribui efeitos positivos ao silêncio da administração após o decurso de determinado prazo. Nesse campo, tem-se o exemplo do art. 26, §3º, da Lei nº 9.478/1997, que atribui efeito de aprovação tácita ao silêncio da Agência Nacional do Petróleo, nos 180 dias que se seguem à apresentação, pelo concessionário, do plano de exploração da área concedida.

Por fim, passa-se a explorar atividades comunicadas, nas quais é o próprio particular quem comunica ao poder público o desempenho de certa atividade e este, conforme o caso, adota providências de polícia administrativa. A análise desse instituto, objeto principal deste estudo, carece de uma assertiva prévia, relativa à exploração de serviços e atividades econômicas pelo Estado.

Regime jurídico das atividades econômicas

O direito administrativo econômico ocupa-se de analisar a atuação do Estado como fomentador e regulador da economia, sendo marcado por grande complexidade na diversidade das modalidades de atividades econômicas. A consideração a respeito do princípio da função social na constituição econômica envolve cogitações a respeito da conduta dos agentes públicos e dos sujeitos privados em cada forma dessas atividades, a partir do conflito entre livre iniciativa e a função social da atividade privada.

Apesar das discussões doutrinárias, pode ser utilizada como um parâmetro, de certo modo unânime, para a distinção entre as formas de participação estatal na economia, a noção de que a prestação de serviço público reflete uma atuação em área de titularidade do poder público, enquanto a exploração de atividade econômica em sentido estrito representa uma intervenção do Estado em segmento fundamentalmente particular, onde predomina a livre iniciativa.[151]

Assim, no campo dos serviços públicos está mitigado, embora não excluído, o princípio da livre iniciativa, por se tratar de atividade de interesse público tão relevante que foi publicizada (*publicatio*) pelo ordenamento. Apesar de estar o poder público incumbido de assegurar a prestação dos serviços públicos, possuindo, portanto, titularidade sobre os mesmos, não necessariamente deverá fazê-lo mediante sua própria atuação direta.

---

[151] Sobre o tema, confira-se a obra de Grau (2006), em especial o capítulo 3.

A participação do particular na prestação dos serviços públicos se resume aos casos em que o Estado, segundo as regras previstas na lei, faz uso da delegação das atividades, mas mantendo o controle da atividade. A rigor, excepcionais são os casos em que a Constituição da República prevê a prestação de determinado serviço público tão somente e de forma exclusiva pelo Estado.

Outrossim, a constatação de relevante interesse social não afasta a possibilidade de exercício concorrente das atividades econômicas, mesmo dos serviços públicos. A rigor, a exclusividade constitui verdadeira exceção nas concessões de serviços públicos, conforme prevê o art. 16 da Lei nº 8.987, de 13 de fevereiro de 1995, de modo que deve ser fundamentada em razões técnicas ou econômicas.

Há atividades, entre esses serviços genericamente definidos como públicos, que não são excluídas da exploração direta pela iniciativa privada, denominadas pela Constituição da República de 1988 "serviços de interesse público". Vale dizer, o regular prestador de uma atividade econômica estaria constitucionalmente legitimado a explorar, em regime privado, a mesma atividade que, quando prestada pelo poder público, recebe o título e o regime de serviço público.

Por outro lado, nas atividades econômicas em sentido estrito, ou seja, naquelas não definidas como serviço público, não há como se impedir a exploração por parte do particular, em regime de livre iniciativa. O intervencionismo estatal na ordem econômica deve ser reservado a raras exceções, por necessidade imposta pela "segurança nacional" ou em razão de "relevante interesse coletivo", como visto, em função da subsidiariedade.

Porém, mesmo fora do campo dos serviços públicos, as atividades econômicas podem sofrer distinção em função do interesse que despertem na coletividade, o que influirá na intensidade da regulação a que se submetem pela administração pública. A liberdade econômica não afasta a regulação estatal, haja vista a relevância das atividades privadas para o desenvolvimento da sociedade.

Nesses casos, a exploração da atividade passa a depender de autorização pelo poder público, ato cuja natureza não se harmoniza com as características de discricionariedade e precariedade defendidas pela doutrina administrativa clássica, o que seria por demais oneroso ao particular e contrário à competição privada. Defende-se, portanto, que se trata de autorização com natureza vinculante, de modo que a proteção constitucional da livre iniciativa previna que a atividade do particular venha a ser obstada por motivos de conveniência e oportunidade da administração pública.

Essas atividades estão atreladas ao conceito da doutrina estrangeira de serviço de interesse econômico geral, que se submete à regulação estatal dada a sua relevância pública. Trata-se de serviço de natureza econômica, não sendo confundido com os serviços públicos típicos, de obrigação de prestação pelo Estado, mas que também sofre forte controle pela administração pública.

Nas demais atividades econômicas, nas quais efetivamente prevalece o interesse privado, o particular se submete apenas à fiscalização de polícia, o que não depende de provocação. Isso porque mesmo as atividades em regime de livre iniciativa estão sujeitas ao dever de polícia do Estado, ainda que não prevista em lei a forma de obtenção do correspondente consentimento ou fiscalização de polícia.

Em síntese, nem toda atividade econômica é exercida numa absoluta liberdade de iniciativa, pois pode depender da verificação da administração pública quanto ao fato de a pretensão de exercício do direito se encontrar dentro dos limites impostos pelo ordenamento jurídico. Além disso, se a atividade deixa de ser desenvolvida em regime de livre iniciativa e passa a ser considerada um serviço público, por força da Constituição ou de uma simples lei, a titularidade e a iniciativa passam a ser estatais, só sendo tal atividade executada pelo Estado ou por quem dele receber um título jurídico para a sua prestação.

É possível, portanto, descrever uma escala da *publicatio* em função do grau de publicização das atividades economicamente exploradas: (i) os serviços públicos titularizados pelo Estado; (ii) os serviços públicos sociais, em que a iniciativa privada também pode atuar; (iii) os serviços privados de interesse público, condicionados a autorizações operativas; e (iv) os serviços privados, sujeitos apenas às regras gerais de polícia administrativa que regem todas as atividades econômicas (Aragão, 2007:256).

As atividades comunicadas

A análise da proteção da livre iniciativa e da função social das atividades econômicas serve, portanto, para demonstrar a complexidade das relações dos agentes públicos e dos sujeitos privados. A livre iniciativa, em seu maior grau, aparece apenas quando não há imposição de autorização operativa por parte do poder público, de sorte que o particular não sofre qualquer regulação pelo Estado.

Porém, nenhuma atividade é desprovida de função social, já que, como visto acima, os valores coletivos protegidos pela Constituição não podem ser simplesmente afastados, mas ponderados de forma a resguardar seu núcleo essencial. Mesmo nas atividades em que, sob uma primeira análise, não haja interesse coletivo, as relações humanas são sempre relevantes ao poder público, que deve zelar pela ordem no convívio social.

Nesse sentido, ainda que não tenha sido contemplado pelo ordenamento, há sempre um interesse público no controle estatal sobre as atividades de interesse privado, o que demanda o conhecimento da prática das atividades privadas. No entanto, a administração não dispõe de informações para saber como, quando e onde está sendo desempenhada a atividade que deve fiscalizar no intuito de lograr essas informações.

Sugere-se, assim, que tais liberdades sejam exercidas mediante comunicação à administração pública, com vistas a ampliar a eficiência da fiscalização de polícia. Por meio das atividades comunicadas viabiliza-se o conhecimento do desenvolvimento de atividades privadas pelos órgãos e entidades da administração, a fim de que seja controlado o exercício de uma liberdade, de modo a que tal exercício não cause prejuízo ao interesse geral (Cunha, 2006:261). O tema já foi explorado pela doutrina estrangeira, sendo imprescindível trazer à baila os ensinamentos de Lozano (2001 apud Souto, 2005b:75), que assim aborda a questão das atividades comunicadas:

> Importa registrar que nem toda atividade privada, econômica ou não, depende da prévia manifestação de polícia da Administração. Maria Del Carmen Núñes Lozano destaca as atividades comunicadas à administração, distinguindo, dentre estas, aquelas dedicadas a mero registro ou para fins de informação, daquelas que habilitam a administração a intervir, provocando um controle *a posteriori*.

Não se trata de obstaculizar o livre exercício de atividade privada, não implicando efetiva regulação típica de serviço público ou de atividades de interesse econômico geral. A utilidade da comunicação é permitir a fiscalização do fato de sua exploração afetar ou não o respeito da função social das atividades privadas, de modo a resguardar os direitos dos demais membros da sociedade.

Sob outro aspecto, a comunicação é importante para evitar dúvidas acerca da licitude das condutas privadas, evitando violações às regras de livre concorrência e abusos de direito de natureza econômica. Trata-se, portanto, de medida de boa-fé do administrado, que acaba fornecendo os meios para o exercício eficiente da fiscalização de polícia — não sendo um pedido de consentimento de polícia.

O particular não se sujeita à aprovação de sua atividade pelo poder público, tendo em vista que se trata de uma atividade exercida em regime de liberdade constitucionalmente assegurada. Se houver uma violação do interesse público, o que pode ocorrer é uma posterior ordem ou comando de polícia no sentido de que seja cessada a atividade, sem penalizar o comunicante, já que a sanção de polícia careceria da instauração de contencioso.

Quando muito, diante da atividade comunicada, o ente regulador poderia entender, mediante motivação técnica, que tal atividade prejudicaria o desempenho do serviço público ou as liberdades privadas, hipótese em que negaria a autorização e determinaria a paralisação, sem que, no entanto, caiba qualquer penalidade pelo exercício da liberdade comunicada.

Em última análise, conclui-se que a atividade comunicada representa uma colaboração do particular com a fiscalização de polícia, com vistas à eficiência da atividade administrativa. O papel da atividade comunicada é fornecer ao Estado elementos necessários ao controle das ações privadas, precavendo-se da ocorrência de atos clandestinos, vale dizer, atos que atentem contra os interesses públicos.

Hipóteses legais da comunicação de atividades privadas

Cabe questionar se as hipóteses em que o particular deve ser compelido a comunicar ao poder público a prática de uma determinada atividade privada de interesse social devem estar previstas em sede legal. A rigor, essa imposição ao particular se entende como exercício de função de polícia, que, segundo ensina a doutrina, decorre da lei ou de ato por ela legitimado que imponha os limites ou condicionamentos da verificação do atendimento do comando (Souto, 2005b:74).

No entanto, essa assertiva não coincide com a aplicação da legalidade restrita, uma vez que, com a constitucionalização do direito administrativo, a lei deixa de ser o fundamento único e último da atividade administrativa. O administrador, ao impor a prestação de uma notificação ao particular, com intuito de tornar mais eficiente a gerência da coisa pública, concretiza diretamente princípios constitucionais, dispensando a previsão específica em lei.

Nesse sentido, vale trazer à baila a lição de Cunha (2006:264):

> Ora, condicionar à autorização legislativa o exercício de uma liberdade seria não só negar validade a toda a tese como, mais grave, negar vigência ao art. 5º, II, CF, segundo o qual ninguém será obrigado a fazer ou deixar de fazer alguma coisa senão em virtude de lei; não havendo lei, a liberdade é a regra.
>
> Tanto isso é certo, que Luis Roberto Barroso preconiza uma nova visão sobre o princípio da legalidade, que deve ser visto como princípio da constitucionalidade ou da juridicidade, ou seja, o agir conforme o ordenamento jurídico e os objetivos constitucionais. Nesse passo, entende que diante da ausência de norma legal, pode o administrador praticar os atos que deem exequibilidade aos princípios constitucionais. Isso nada mais é que o reconhecimento de uma das facetas da normatividade dos princípios. Aqui se preconiza a aplicação do fundamento da República, manifestado no princípio da livre iniciativa.

A primeira previsão legal de atividade comunicada de que se tem conhecimento encontra-se no Decreto nº 24.643, de 10 de julho de 1934: no art. 139, §2º e §3º, do Código de Águas, há previsão de que o aproveitamento de energia hidráulica de quedas-d'água de potência inferior a 50 kW para uso exclusivo do respectivo proprietário não depende de autorização, bastando sua notificação do Ministério da Agricultura para efeitos estatísticos. Essa previsão foi incorporada ao texto constitucional, como se nota da leitura do §4º do art. 176 da Constituição Federal: "Não dependerá de autorização ou concessão o aproveitamento do potencial de energia renovável de capacidade reduzida".

Há outro exemplo de atividade comunicada em sede constitucional. Nos termos do art. 5º, XVI, da CF/88, é permitida a reunião pacífica em locais abertos ao público, independentemente de autorização prévia, desde que não se frustre outra reunião para o mesmo espaço, exigindo-se apenas um aviso prévio à autoridade competente, que poderá exercer o poder de polícia conforme o caso e as circunstâncias concretas em questão. Essa exigência de prévia comunicação se fundamenta na necessidade de que as autoridades, comunicadas com antecedência razoável, atuem para resguardar a realização tranquila da reunião, sem prejuízo para as demais pessoas.

O papel do Estado é o de auxiliar na criação das condições necessárias para que cada um realize livremente as suas escolhas e possa agir de acordo com elas, e não o de orientar as vidas individuais para alguma direção que se repute mais adequada. As autoridades, portanto, só poderão tomar as precauções necessárias para que permaneça incólume a ordem pública. Se a autoridade tomar medidas que de alguma forma cerceiem a liberdade de reunião, estará cometendo abuso de autoridade (Tavares, 2007:565).

Não se deve confundir essa situação com aquela em que a reunião venha a ser marcada em prédio público. Nesta hipótese, por dizer respeito a bem público com destinação específica, será necessária autorização, por haver incidência de regime administrativo próprio para a espécie. Trata-se, portanto, de ato discricionário, podendo ser revogado a qualquer momento (Tavares, 2007:564).

Também possui natureza de fiscalização de polícia a comunicação de substituição, por outra equivalente, de entidade hospitalar contratada, realizada por planos privados de assistência à saúde. Conforme prevê o art. 17, §1º, da Lei nº 9.656/1998, há a necessidade de notificação à Agência Nacional de Saúde Suplementar e aos consumidores com 30 dias de antecedência à alteração, como forma de controlar o compromisso da operadora do plano de saúde quanto à vigência dos contratos.

Há que se fazer menção ao fato de que a alteração dos dados referentes à operadora do plano de saúde pode ensejar o fato gerador da taxa de saúde suplementar (TSS), qual seja, o exercício, pela ANS, do poder de polícia que lhe é legalmente atribuído, no sentido de autorizar a prestação do serviço pelo plano de saúde. Prescreve o art. 20 da Lei nº 9.961, de 29 de janeiro de 2000:

Art. 20. A Taxa de Saúde Suplementar será devida:

[...]

II - por registro de produto, registro de operadora, alteração de dados referente ao produto, alteração de dados referente à operadora, pedido de reajuste de contraprestação pecuniária, conforme os valores constantes da Tabela que constitui o Anexo III desta Lei.

Esse caso específico demonstra a crucial importância da correta distinção da natureza da atividade comunicada, uma vez que, se fosse considerada como exercício de consentimento de polícia, deveria ensejar o pagamento da taxa referida. Contudo, o descredenciamento de apenas um operador não representa intenção de redimensionar o plano para alterar significativamente o produto ou impacto sobre o compromisso assumido com os consumidores (Souto, 2007:50-53).

Também na mesma linha, o art. 8º da Lei nº 9.074/1995 prevê a possibilidade de aproveitamento de potenciais hidráulicos e a implantação de usinas termoelétricas de pequeno potencial mediante simples comunicação ao poder público, dispensadas a concessão, a permissão (formas de delegação de serviço público) e a autorização prévia (forma de exercício do poder de polícia).

A mesma lei prevê, ainda, a aplicação do regime de comunicação ao transporte de cargas pelos meios rodoviário e aquaviário (art. 2º, §2º), ao transporte aquaviário de passageiros que não seja entre portos organizados, ao transporte rodoviário e aquaviário de pessoas por operadoras de turismo no exercício de sua atividade e ao transporte de pessoas em caráter privativo de organizações públicas ou privadas, ainda que em forma regular (art. 2º, §3º). Neste último caso abre-se o espaço para que se estabeleça tanto o regime de autorização quanto o de comunicação.

A Lei nº 9.472, de 16 de julho de 1997, que dispõe sobre a organização dos serviços de telecomunicações e sobre a criação e funcionamento de um órgão regulador (Agência Nacional de Telecomunicações), ao tratar da obtenção da autorização de serviços de telecomunicações prevê que serão disciplinadas pela agência as hipóteses que independerão de autorização, nas quais a prestadora do serviço deverá somente comunicar previamente à entidade reguladora o início de suas atividades (art. 131, §2º, §3º e §4º).

Vale citar, ainda, que o Decreto-Lei nº 25, de 30 de novembro de 1937, que organiza a proteção do patrimônio histórico e artístico nacional, ao tratar do instituto do tombamento determina que a transferência de determinado bem particular já tombado seja promovida no prazo de 30 dias no competente registro de imóveis, comunicando-se a transferência pelo adquirente e a deslocação pelo proprietário junto ao Serviço do Patrimônio Histórico e Artístico Nacional, sob pena de não restar configurada eficácia *erga omnes* da restrição imposta ao bem. Em outras palavras, não havendo comunicação o negócio jurídico será inválido, sem outorga no direito de preferência.

Por fim, cite-se que a Lei nº 5.427, de 1º de abril de 2009, que disciplina o processo administrativo no âmbito do estado do Rio de Janeiro, prevê, expressamente, a possibilidade de o processo se iniciar mediante uma comunicação do interessado ao poder público. Veja-se:

> Art. 5º. O processo administrativo pode iniciar-se de ofício, a Requerimento, Proposição ou Comunicação do administrado.
>
> Art. 6º. A petição inicial, salvo casos em que for admitida solicitação oral, deve ser formulada por escrito e conter os seguintes elementos essenciais:
>
> [...]
>
> IV. formulação do pedido, da comunicação, ou da proposição, com exposição dos fatos e de seus fundamentos;
>
> V. data e assinatura do requerente ou de seu representante.

Conclusões

Em última análise, a eficiência pode ser apontada como o princípio protagonista no cenário do direito administrativo moderno, tendo ensejado uma releitura de todos os institutos desse ramo jurídico. Nesse contexto, desponta uma nova categoria de relação da administração pública com os particulares, que não se adapta a qualquer forma clássica da ciência jurídica, devendo ser explorada com bases nos paradigmas contemporâneos.

É o caso das atividades comunicadas, que se encontram a meia distância de diversos outros institutos consolidados no direito administrativo, mas que requerem uma autônoma investigação de sua natureza e de seus limites. A importância do estudo da comunicação do particular ao poder público sobre a prática de determinada atividade econômica privada é justificada, uma vez que permite o desenvolvimento da fiscalização de polícia e da regulação estatal.

As grandes vantagens da "atividade comunicada" são, em primeiro lugar, permitir o exercício imediato da atividade não proibida ou condicionada à prévia obtenção de licença ou autorização; em segundo lugar, a boa-fé exigiria que a decisão sobre o processo de comunicação, concluindo em sentido diverso da interpretação do comunicante, deveria ensejar a determinação de paralisação da atividade (por se entender terem sido ultrapassados os limites das liberdades), mas sem ter como consequência a aplicação de penalidades — que decorreriam, naturalmente, da fiscalização de polícia sobre atividades não comunicadas.

As atividades comunicadas estão relacionadas com a observância dos valores sociais inerentes ao exercício de qualquer atividade privada, o que encontra fundamento na conjugação da liberdade de iniciativa com outros princípios previstos em sede constitucional. A fiscalização dessas atividades está atrelada ao dever de polícia da administração pública, para a qual concorre a fiscalização da atuação dos particulares.

Será legítima a imposição da comunicação da liberdade de iniciativa apenas quando exercida e desenvolvida segundo os parâmetros de justiça social e com escopos que atendam à existência digna do ser humano.

Portanto, a comunicação guarda relação com a mera verificação, pelo regulador, de que o exercício da atividade particular não prejudica a sociedade, sem limitar a liberdade de iniciativa naquilo que não seja indispensável para assegurar observância ao princípio da dignidade da pessoa humana. Não se aplica, portanto, às atividades comunicadas a mesma carga regulatória administrada aplicada às atividades naturalmente sujeitas ao controle estatal.

O instituto deve ser empregado na medida em que satisfaz o propósito pelo qual foi concebido, sem pretender corromper os modelos tradicionais de prestação de serviços públicos. Ao revés, complementa-os, com a inspiração buscada no próprio texto constitucional, que assenta a possibilidade de prestação de um serviço privado na forma do parágrafo único do art. 170, ao estabelecer que é assegurado a todos o livre exercício de qualquer atividade econômica fundada na livre iniciativa, independente de autorização dos órgãos públicos (Cunha, 2006:238).

Colabora-se, nessa medida, para a construção de novos paradigmas do direito administrativo, que, de acordo com Moreira Neto (2006:238), "obedecem a necessidades, que estão além das teorias e das doutrinas políticas e jurídicas que procuram explicá-las; trata-se, antes de tudo, de um sistema de ordem, destinado a atender às necessidades práticas da época".

Questões de automonitoramento

1. Após ler a o material, você é capaz de resumir o caso gerador, identificando as partes envolvidas, os problemas atinentes e as soluções cabíveis?
2. Analise a ponderação de interesses entre os princípios constitucionais de livre iniciativa e a proteção da função social das atividades privadas.
3. Estabeleça a relação entre a atuação ou intervenção do Estado na economia e as atividades comunicadas.
4. Qual a utilidade da comunicação das atividades privadas não sujeitas ao consentimento de polícia?
5. Pense e descreva, mentalmente, outras alternativas para a solução do caso gerador do capítulo 7.

7

Sugestões de casos geradores

Contratos no setor postal e a franquia pública (cap. 1)

Determinada empresa pública, incumbida de prestar serviços conferidos constitucionalmente à União, necessita ampliar sua capacidade de cobertura geográfica e aumentar a eficiência na prestação de seus serviços. Contudo, esbarra num cenário econômico difícil, no qual as verbas destinadas à aquisição de novos estabelecimentos, ao aumento de pessoal, entre outras providências, são escassas. Para realizar os investimentos necessários, a referida empresa pública pretende implementar um sistema de franquias. Dê o seu parecer jurídico acerca da admissibilidade da utilização de tal instituto pela administração pública, diferenciando-o das concessões de serviços públicos e discorrendo sobre a necessidade ou não de que o contrato de franquia pública seja precedido por um procedimento licitatório.

Contrato de concessão de florestas (cap. 2)

A Lei nº 11.284, de 2 de março de 2006, que dispõe sobre a gestão de florestas públicas para a produção sustentável, traz para o ordenamento jurídico o instituto da concessão florestal como instrumento de outorga de direitos de gestão aplicável às florestas naturais ou plantadas e às unidades de manejo das áreas protegidas, com vistas a aliar aos meios da administração pública federal os investimentos aportados pela iniciativa privada na conservação das florestas. Ocorre que se questiona, perante o Supremo Tribunal Federal, a constitucionalidade deste ato normativo, sob o argumento de que o art. 49, inciso XVII, da Constituição da República teria estipulado que a alienação ou concessão de terras públicas com área superior a 2,5 mil hectares deveria ser autorizada pelo Congresso Nacional.

Como base nesta situação apresentada, posicione-se, fundamentadamente, sobre a questão, apontando todos os aspectos jurídicos envolvidos.

Contratações no setor de saneamento ambiental (cap. 3)

Em ação civil pública, movida pelo Ministério Público em face da concessionária de serviços públicos de água e esgoto, esta foi intimada da concessão de liminar que determinava que ela abastecesse 100% da população do município (áreas urbana e rural), por canalização ou carros-pipa, no prazo de 72 horas, a contar de cada solicitação de cidadão morador da comarca, sob pena de multa diária.

Foi interposto agravo contra a mencionada decisão, tendo conseguido, de pronto, a atribuição de efeito suspensivo. No julgamento definitivo, deu-se parcial provimento ao recurso de forma a delimitar a decisão liminar para o fornecimento de água por meio do uso de carros-pipa somente para as áreas urbanas não abrangidas por rede de abastecimento de água encanada.

Alega a concessionária que a manutenção da liminar rompe o equilíbrio econômico-financeiro do contrato de concessão, eis que eleva os seus encargos de forma não assumida no momento da proposta nem constante no edital, bem como retira da concessionária o direito de implantar os sistemas e atender a população conforme as metas previstas no contrato.

Com base no exposto, opine:

1. Deve a concessionária requerer que o poder concedente integre a lide?

2. O poder concedente deve ter interesse em ingressar como autor ou como réu?

Contratos no setor de telecomunicações e radiodifusão (cap. 4)

Determinado estado da Federação — tendo em vista a necessidade de atualização e modernização do sistema de telecomunicações utilizado pelas suas diversas estruturas administrativas (essencial para a qualidade e eficiência do atendimento do interesse público primário a ser alcançado pela própria administração) e diante das inúmeras ofertas de serviços de telecomunicações disponibilizadas pelas prestadoras dos respectivos serviços, nos mais variados padrões e preços — indaga ao seu órgão jurídico competente sobre a necessidade ou não da realização de licitação, nos moldes da Lei nº 8.666/1993, para:

❑ a escolha do prestador do serviço;

❑ a escolha de quais serviços serão ou poderão ser utilizados (dever-se-ia licitar todos os possíveis serviços a serem oferecidos?);

❑ a utilização de serviços ofertados por prestadora diversa da que eventualmente vier a ser contratada após regular licitação (caso essa seja essencial) — tendo em vista a interconexão das redes e dos serviços.

Questiona, ainda, se haveria possibilidade de dispensa ou inexigibilidade de licitação, caso essa fosse considerada necessária.

Tendo em vista a complexidade e as características que envolvem o tema das telecomunicações, analise a indagação formulada e apresente um parecer jurídico sobre a mesma, levando em conta os posicionamentos doutrinários e jurisprudenciais, além do entendimento das cortes de contas.

Atividades comunicadas (cap. 5)

Operadora de plano de saúde, ao comunicar o descredenciamento de prestador de serviço aos consumidores dos planos por ela comercializados, sofreu a cobrança de taxa de saúde suplementar (TSS), fundada no argumento de que se tratava de alteração do cadastro do produto junto à Agência Nacional de Saúde Suplementar. Para a agência reguladora, o fato gerador da taxa teria se operado a partir do exercício de poder de polícia pelo recebimento da notificação, conforme prescreve o art. 18, da Lei nº 9.961, de 28 de janeiro de 2000.

Instado a elaborar parecer, manifeste-se, de forma devidamente fundamentada, acerca da natureza das atividades comunicadas e da relação do instituto com a livre iniciativa e com a eficiência da administração pública.

Conclusão

Na medida em que a consciência jurídica da sociedade evolui e os cidadãos ampliam seu acesso à Justiça, seja através do Poder Judiciário ou meios alternativos de solução de conflitos, cresce a importância do estudo do direito.

O direito está permeado como um dos elementos de transformação modernizadora das sociedades tradicionais, principalmente nos países em desenvolvimento. Evidencia-se, a cada dia, que o direito administrativo não pode ser insensível ao que ocorre no sistema econômico, e que o direito tem papel relevante na organização da sociedade.

O objetivo deste livro foi o de desenvolver discussões e estudos sobre as novas parcerias entre os setores público e privado, seus contratos e diversas implicações no Estado brasileiro, de modo a se concluir com mais segurança sobre os passos necessários para o constante aperfeiçoamento do sistema jurídico nacional.

O estabelecimento de um sistema legal que funcione adequadamente é condição essencial para um bom nível de crescimento do país, seja em termos econômicos, seja em relação as suas instituições.

Nossa intenção é contribuir com o fomento a estudos específicos e aprofundados sobre o tema, tarefas que devem ser cada vez mais estimuladas no país, baseando-se na crença de que uma Justiça mais eficiente também acarretará um direito mais efetivo.

Referências

ABRAÃO, Nelson. A lei de franquia empresarial (nº 8.955, de 15-12-1994). *Revista dos Tribunais*, São Paulo, v. 84, n. 722, dez. 1995.

ALMEIDA, Hugo Netto Natrielli de. Créditos de carbono. Natureza jurídica tratamento tributário. *Jus Navigandi*, Teresina, ano 9, n. 809, 20 set. 2005. Disponível em: <http://jus2.uol.com.br/doutrina/texto. asp?id=7307>. Acesso em: 14 maio 2008.

ALOCHIO, Luiz Henrique Antunes. *Introdução à Lei de Diretrizes Nacionais de saneamento básico*. Rio de Janeiro: Lumen Juris, 2007.

AMADEO, José Luiz. *La concesión de servicios públicos*. Buenos Aires: Ad-Hoc, 1999.

ANTUNES, Paulo de Bessa. *Direito ambiental*. Rio de Janeiro: Lumen Juris, 1998.

ARAGÃO, Alexandre Santos de. *Agências reguladoras e a evolução do direito administrativo econômico*. Rio de Janeiro: Forense, 2002.

_____. *Direito dos serviços públicos*. Rio de Janeiro: Forense, 2007.

ARAÚJO, Marcos Paulo. *Serviço de limpeza à luz da lei de saneamento básico*. Belo Horizonte: Fórum, 2008.

AZEVEDO, Eurico de Andrade et al. *Concessão de serviços públicos*. São Paulo: Malheiros, 1998.

BARROSO, Luís Roberto. Agências reguladoras. Constituição, transformações do Estado e legitimidade democrática. In: MOREIRA NETO, Diogo de Figueiredo (Coord.). *Uma avaliação das tendências contemporâneas do direito administrativo*. Rio de Janeiro: Renovar, 2003a.

_____. *Temas de direito constitucional*. Rio de Janeiro: Renovar, 2003b. v. 2.

_____. Regime constitucional do serviço postal. Legitimidade da atuação da iniciativa privada. In: _____. *Temas de direito constitucional*. Rio de Janeiro: Renovar, 2003c. v. 2.

BARROSO, Luiz Felizardo. *Franchising e direito*. São Paulo: Atlas, 1997.

_____. *Franquia público-social*: a franquia cidadão dos entes públicos. Rio de Janeiro: Lumen Juris, 2008.

BECK, Ulrich. *Sociedade de risco*: rumo a uma outra modernidade. Trad. Sebastião Nascimento. São Paulo: Ed. 34, 2010.

BENJAMIM, Antonio Herman (Coord.). *Direito ambiental das áreas protegidas*: o regime jurídico das unidades de conservação. Rio de Janeiro: Forense Universitária, 2001.

BINENBOJM, Gustavo. *Temas de direito administrativo e constitucional*. Rio de Janeiro: Renovar, 2008.

BOES, M. Painel 1: Poluição do ar na Comunidade Europeia. In: CONFERÊNCIA INTERNACIONAL DE DIREITO AMBIENTAL. *Anais...* Rio de Janeiro, 28-31 out. 1991.

BRITO, Rodrigo José Meano. Utilização de bem público para instalação de equipamentos de telefonia móvel celular. *Revista de Direito da*

Associação dos Procuradores do Novo Estado do Rio de Janeiro, Rio de Janeiro, Lumen Juris, v. IX, p. 161-175, 2002.

CARNEIRO, Maria Neuenschwander Escosteguy. *Uma nova visão do setor postal brasileiro*. Rio de Janeiro: Lumen Juris, 2006.

CARNEIRO, Ricardo. *Direito ambiental*: uma abordagem econômica. Rio de Janeiro: Forense, 2001.

CARVALHO FILHO, José dos Santos. *Manual de direito administrativo*. 16. ed. Rio de Janeiro: Lumen Juris, 2006.

_____. *Manual de direito administrativo*. 23. ed. Rio de Janeiro: Lumen Juris, 2010.

CENTRO DE GESTÃO E ESTUDOS ESTRATÉGICOS (Ministério de Ciência e Tecnologia). *Manual de capacitação sobre mudança do clima e projetos de mecanismo de desenvolvimento limpo (MDL)*. Brasília, DF, 2008.

CHERTO, Marcelo Raposo. *O franchising e a lei*. São Paulo: Instituto Franchising Comércio e Eventos, 1996.

COELHO, Fabio Ulhoa. *Manual de direito comercial*: direito de empresa. 18. ed. São Paulo: Saraiva, 2007.

_____. Considerações sobre a lei de franquia. *Revista da ABPI*, Rio de Janeiro, n. 16, maio/jun. 1995.

COSTA, Guilhermo Ieno. Administração e uso do espectro de radiofrequências no Brasil. *Revista de Direito de Informática e Telecomunicações*, Belo Horizonte, n. 1. jun./dez. 2006.

COUTINHO, Jacinto Nelson de Miranda; LIMA, Martonio Mont'Alverne Barreto (Orgs.). *Diálogos constitucionais*: direito, neoliberalismo e desenvolvimento em países periféricos. Rio de Janeiro: Renovar, 2006.

CRETELLA NETO, José. *Do contrato internacional de franchising*. Rio de Janeiro: Forense, 2000.

CUÉLAR, Leila. *As agências reguladoras e seu poder normativo*. São Paulo: Dialética, 2001.

CUNHA, Alexandre dos Santos et al. Poder concedente e marco regulatório do setor de saneamento básico. *Cadernos de Direito GV*, São Paulo, v. 2, n. 2, mar. 2006. Publicação bimestral da Escola de Direito de São Paulo da FGV. Disponível em: <http://virtualbib.fgv.br/dspace/bitstream/handle/10438/2816/direito%2010.pdf?sequence=1>. Acesso em: set. 2010.

CUNHA, Paulo César Melo da. As atividades comunicadas e o controle do exercício das liberdades. In: OSÓRIO, Fábio Medina; SOUTO, Marcos Juruena Villela (Coords.) *Direito administrativo*: estudos em homenagem a Diogo de Figueiredo Moreira Neto. Rio de Janeiro: Lumen Juris, 2006.

DE LA TORRE, Augusto; FAJNZYLBER, Pablo; NASH, Jonh. *Desenvolvimento com menos carbono*: resposta da América Latina ao desafio da mudança climática. Rio de Janeiro: Elsevier, 2010.

DI PIETRO, Maria Sylvia Zanella. *Parcerias na administração pública*. São Paulo: Atlas, 2002.

_____. *Direito administrativo*. 17. ed. São Paulo: Atlas, 2004.

_____. *Parcerias na administração pública*. 5. ed. São Paulo: Atlas, 2005.

DROMI, Roberto. *Derecho administrativo*. 6. ed. Buenos Aires: Ediciones Ciudad Argentina, 1997.

DUGUIT, Léon. *Las transformaciones generales del derecho*. Trad. Adolfo G. Posada e Ramón Jaén. Buenos Aires: Heliasta, 2001.

DUTRA, Pedro. Desagregação e compartilhamento do uso de rede de telecomunicações. *Revista de Direito Administrativo (RDA)*, Rio de Janeiro, n. 226, out./dez. 2001.

ESCOBAR, J. C. Mariense. *O novo direito de telecomunicações*. Porto Alegre: Livraria do Advogado, 1999.

ESTORNINHO, Maria João. *A fuga para o direito privado*: contributo para o estudo da actividade de direito privado da administração pública. Coimbra: Almedina, 1996.

FARIAS, Cristiano Chaves de; ROSENVALD, Nelson. *Direito das obrigações*. Rio de Janeiro: Lumen Juris, 2006.

FERRAZ JÚNIOR, Tércio Sampaio. Lei Geral de Telecomunicações e a regulação dos mercados. *Revista de Direito da Associação dos Procuradores do Novo Estado do Rio de Janeiro*, Rio de Janeiro, Lumen Juris, v. XI, 2002. (Número temático. Direito da regulação.)

FIGUEIREDO, Guilherme José Purvin de (Coord.). *Temas de direito ambiental e urbanístico*. São Paulo: Max Limonad, 1997.

FIGUEIREDO, Lucia Valle. Telecomunicações e infraestrutura: artigos 73 e 74 da Lei 9.472/97. *Interesse Público*, Porto Alegre, n. 11, 2001.

FORTUNA, Eduardo. *Mercado financeiro*: produtos e serviços. 15. ed. Rio de Janeiro: Qualitymark, 2002.

FREITAS, Rafael Véras de. O marco regulatório do saneamento básico e a defesa do meio ambiente. *Boletim de Direito Administrativo (BDA)*, v. 25, p. 902-916, 2009a.

_____. A concessão de florestas e o desenvolvimento sustentável. *Revista de Direito Público da Economia*, n. 26, p. 114, 2009b.

FREITAS, Vladimir passos de (Org.). *Águas*: aspectos jurídicos e ambientais. Curitiba: Juruá, 2000.

GARCIA, Flávio Amaral. *A relatividade da distinção atividade-fim e atividade-meio na terceirização aplicada à administração pública*. Rio de Janeiro, [s.d.]. Disponível em: <www.juruena.adv.br/artigos.html>. Acesso em: 19 jul. 2010.

GONÇALVES, Pedro. *A concessão de serviços públicos*. Coimbra: Almedina, 1999.

GRAU, Eros Roberto. *A ordem econômica na Constituição de 1988*. 9. ed. São Paulo: Malheiros, 2004.

_____. *A ordem econômica na Constituição de 1988.* 11. ed. São Paulo: Malheiros, 2006.

GRAU NETO, Werner. As controvérsias a respeito da natureza jurídica dos certificados de emissões reduzidas — CER também conhecidos como créditos de carbono. *Portal Carbono Brasil*, Florianópolis, 25 ago. 2008. Disponível em: <www.institutocarbonobrasil.org.br/trabalhos_academicos/noticia=628344>. Acesso em: 31 mar. 2009.

GROTTI, Dinorá Adelaide Musetti. *O serviço público e a Constituição brasileira de 1988.* São Paulo: Malheiros, 2002.

GUERRA, Luiz Antonio. Franquia pública e sociedade de propósito específico: exploração da franquia pública através da SPE. *BDJur/STF*, 12 jan. 2006. Disponível em: <http://bdjur.stj.gov.br/dspace/handle/2011/8459>. Acesso em: 19 jul. 2010.

GUERRA, Sidney César Silva. *Direito ambiental.* Rio de Janeiro: Freitas Bastos, 2005.

GUTIERREZ, Maria Bernadete. O mercado de carbono e o mecanismo de desenvolvimento limpo: a necessidade de um marco regulatório/institucional para o Brasil. In: SALGADO, Lúcia Helena; MOTTA, Ronaldo Seroa da (Eds.). *Regulação e concorrência no Brasil*: incentivos e eficiência. Rio de Janeiro: Ipea, 2007. cap. 12, p. 271-273. Disponível em: <www.ipea.gov.br/sites/000/2/livros/regulacaonobrasil/Arq20_Cap12.pdf>. Acesso em: 20 maio 2009.

HUBBERMAN, Leo. *História da riqueza do homem.* 21. ed. Rio de Janeiro: LTC, 1986.

JUSTEN, Mônica Spezia. *A noção de serviço público no direito europeu.* São Paulo: Dialética, 2003.

JUSTEN FILHO, Marçal. *Comentários à lei de licitações e contratos administrativos.* 9. ed. São Paulo: Dialética, 2002.

_____. As diversas configurações da concessão de serviço público. *Revista de Direito Público da Economia*, ano 1, v. 1, jan./mar. 2003a.

_____. *Teoria geral das concessões de serviço público*. São Paulo: Dialética, 2003b.

_____. *O estatuto das microempresas e as licitações públicas*. São Paulo: Dialética, 2007.

KISHI, Sandra Akemi Shimada; SILVA, Solange Teles; SOARES, Inês Virgínia Prado (Orgs.). *Desafios do direito ambiental no século XXI*: estudos em homenagem a Paulo Affonso Leme Machado. São Paulo: Malheiros, 2005.

KLEIN, Aline Lícia. Os contratos de franquia postal: a Lei nº 11.668/08 e a ADI 4.155. *Informativo Justen, Pereira, Oliveira e Talamini*, Curitiba, n. 20, out. 2008. Disponível em: <www.justen.com.br/informativo>. Acesso em: 19 jul. 2010.

LACERAS, Miguel Angel. *La regulación económica de los servicios públicos*. Barcelona: Ariel, 1999.

LAMY, Marcelo. *Franquia pública*. São Paulo: Juarez de Oliveira, 2002.

LEUZINGER, Márcia Dieguez. *Meio ambiente, propriedade e repartição constitucional de competências*. São Paulo: Ibap & Adcoas, 2002.

LIMIRO, Danielle. *Créditos de carbono*: Protocolo de Kyoto e projetos de MDL. Curitiba: Juruá, 2008.

LOBO, Jorge. *Contrato de franchising*. 3. ed. Rio de Janeiro: Forense, 2003.

LOMBARDI, Antonio. *Créditos de carbono e sustentabilidade*: os caminhos do novo capitalismo. São Paulo: Lazuli/Companhia Editora Nacional, 2009.

LOPES, Ignez Vidigal (Coord.). *O mecanismo de desenvolvimento limpo* — MDL: guia de orientação. Rio de Janeiro: FGV, 2002.

LOZANO, Maria Del Carmen Nuñes. *Las actividades comunicadas a la administración*: la potestad administrativa de veto sujeta a plazo. Madrid: Marcial Pons, 2001. p. 73 e segs.

LUNARDELLI, José Marcos. Os serviços de telecomunicações e a ordem econômica constitucional. *Revista de Direito da Associação dos Procuradores do Novo Estado do Rio de Janeiro*, Rio de Janeiro, Lumen Juris, v. XI, 2002. (Número temático. Direito da regulação.)

MACHADO, Paulo Affonso Leme. *Direito ambiental brasileiro*. 14. ed. São Paulo: Malheiros, 2006.

MARAIS, Bertrand du. *Droit public de la régulation économique*. Paris: Presses e Sciences Po et Dalloz, 2004.

MARQUES NETO, Floriano Azevedo. Direito das telecomunicações e Anatel. In: SUNDFELD, Carlos Ari (Coord.). *Direito administrativo econômico*. São Paulo: Malheiros, 2006.

_____. Reestruturação do setor postal brasileiro (parecer). *Revista Trimestral de Direito Público*, São Paulo, v. 19, p. 149-169, 1997.

MARTINS, Fran. *Contratos e obrigações comerciais*. 13. ed. Rio de Janeiro: Forense, 1995.

MASCARENHAS, Rodrigo Tostes de Alencar. *Direito das telecomunicações*. Rio de Janeiro: Fórum, 2008.

MASTROBUONO, Cristina M. Wagner. Agências reguladoras e agências executivas. *Advocacia Pública*, ano VIII, n. 13, mar. 2001.

MATTIETTO, Leonardo de Andrade. Parecer nº 4/2004. *Revista de Direito da Procuradoria Geral*, Rio de Janeiro, n. 59, 2005.

MEDAUAR, Odete. Serviços públicos e serviços de interesse econômico geral. In: MOREIRA NETO, Diogo de Figueiredo (Coord.). *Uma avaliação das tendências contemporâneas do direito administrativo*. Rio de Janeiro: Renovar, 2003.

MEIRELLES, Hely Lopes. Serviço público de telefonia. In: _____. *Estudos e pareceres de direito público*. São Paulo: RT, 1986.

MELLO, Celso Antônio Bandeira de. *Curso de direito administrativo*. 12. ed. São Paulo: Malheiros, 2000.

_____. *Curso de direito administrativo*. 15. ed. São Paulo: Malheiros, 2003.

_____. *Curso de direito administrativo*. 22. ed. São Paulo: Malheiros, 2007.

MELLO, Celso de Albuquerque. *Curso de direito internacional público*. Rio de Janeiro: Freitas Bastos, 1989.

MENDONÇA, José Vicente Santos de; SOUZA NETO, Cláudio Pereira. Fundamentalização e fundamentalismo na interpretação do princípio constitucional da livre iniciativa. In: SARMENTO, Daniel; SOUZA NETO, Cláudio Pereira. *A constitucionalização do direito*: fundamentos teóricos e aplicações específicas. Rio de Janeiro: Lumen Juris, 2007.

MILARÉ, Édis. *Direito do ambiente*. São Paulo: RT, 2007.

MORAIS, Michele Greque de; COSTA, Jorge Alberto Vieira. Bioprocessos para remoção de dióxido de carbono e óxido de nitrogênio por microalgas visando à utilização de gases gerados durante a combustão do carvão. *Quim Nova*, Rio Grande, RS, v. 31, n. 5, p. 1038-1042, 2008. Departamento de Química da Fundação Universidade Federal do Rio Grande. Disponível em: <www.scielo.br/pdf/qn/v31n5/a17v31n5.pdf>. Acesso em: 20 maio 2009.

MOREIRA, Egon Bockmann. Reflexões a propósito dos princípio da livre iniciativa e da função social. *Revista de Direito Público da Economia (RDPE)*, Belo Horizonte, ano 4, n. 16, out./dez. 2006.

MOREIRA NETO, Diogo de Figueiredo. Poder concedente para o abastecimento da água. *Revista de Direito da Associação dos Procuradores do Novo Estado do Rio de Janeiro*, n. 1, 1999.

_____. *Curso de direito administrativo*. 13. ed. Rio de Janeiro: Forense, 2003.

_____. *Curso de direito administrativo*. 14. ed. Rio de Janeiro: Forense, 2005.

_____. *Mutações de direito público*. Rio de Janeiro: Renovar, 2006.

_____. *Parecer para o Serviço Florestal Brasileiro*, [S.l.: s.n.], [s.d.] Não publicado. Gentilmente oferecido pelo autor para este livro.

MORENILLA, José Maria Souvirón. *La actividad de la administración y el servicio público*. Granada: Colmares, 1998.

MOTTA, Carlos Pinto Coelho. *Curso prático de direito administrativo*. 2. ed. Belo Horizonte: Del Rey, 2004.

MOTTA, Paulo Roberto Ferreira. O kit regulatório das telecomunicações. *A & C Revista de Direito Administrativo e Constitucional*, Belo Horizonte, n. 20, abr./jun. 2005.

MUKAI, Toshio. *Saneamento básico*: diretrizes gerais — comentários à Lei nº 11.445/2007. Rio de Janeiro: Lumen Juris, 2007.

NESTER, Alexandre Wagner. Os contratos de franquia postal: o Decreto nº 6.639/08. *Informativo Justen, Pereira, Oliveira e Talamini*, Curitiba, n. 21, nov. 2008. Disponível em: <www.justen.com.br/informativo>. Acesso em: 19 jul. 2010.

OLIVEIRA, Gustavo Henrique Justino. *O contrato de gestão na administração pública brasileira*. Tese (Doutorado) — Faculdade de Direito da Universidade de São Paulo, São Paulo, 2005.

OLIVEIRA, Rafael Rezende Carvalho de. *Administração pública, concessões e terceiro setor*. Rio de Janeiro: Lumen Juris, 2009.

ORTIZ, Gaspar Ariño. *Principios de derecho público económico*: modelo de Estado, gestión pública, regulación económica. Granada: Comares, 1999.

PAOLA, Leonardo Sperb de. Sobre as denúncias dos contratos de distribuição, concessão comercial e franquia. *Revista Forense*, Rio de Janeiro, v. 94, n. 343, jul./set. 1998.

PARADA, Ramón. *Derecho administrativo*: parte general. Madrid: Marcial Pons, 1998.

PECK, Patricia. *Direito digital*. São Paulo: Saraiva, 2002.

PEIXOTO, Marco Aurélio Ventura. Documentos eletrônicos: a desmaterialização dos títulos de crédito. *Jus Navigandi*, Teresina, ano 6, n. 52, nov. 2001. Disponível em: <http://jus2.uol.com.br/doutrina/texto. asp?id=2361>. Acesso em: 5 ago. 2008.

PEREIRA JÚNIOR, Jessé Torres. *Comentários à lei das licitações e contratações da administração pública*. Rio de Janeiro: Renovar, 2003.

PEREZ, Marcos Augusto. *O risco no contrato de concessão de serviço público*. Belo Horizonte: Fórum, 2006.

PETROBRAS MAGAZINE. Edição 50. Disponível em: <www2.petrobras.com.br/atuacaointernacional/petrobrasmagazine/PM50/port/frmset_carbono.html>. Acesso em: 13 maio 2009.

PORTO NETO, Benedicto. A Agência Nacional de Telecomunicações. In: SUNDFELD, Carlos Ari (Coord.). *Direito administrativo econômico*. São Paulo: Malheiros, 2006.

RAMIRES, Eduardo Augusto de Oliveira. *Direito das telecomunicações*: a regulação para a competição. Belo Horizonte: Fórum, 2005.

RAMOS, Érika Pires. Direito ambiental sancionador: conexões entre a responsabilidade penal e administrativa. In: KRELL, Andreas J.; MAIA, Alexandre da. *A aplicação do direito ambiental no Estado federativo*. Rio de Janeiro: Lumen Juris, 2005. Col. Direito e Racionalidade no Mundo Contemporâneo.

RIVERO, Jean. *Direito administrativo*. Coimbra: Almedina, 1981.

SARMENTO, Daniel. Os princípios constitucionais da liberdade e da autonomia privada. *Boletim Científico da Escola Superior do Ministério Público da União*, Brasília, n. 14, jan./mar. 2005.

SCHMIDT-ASSMANN, Eberhard. *La teoría general del derecho administrativo como sistema*. Madrid: Marcial Pons, 2003.

SENDÍN GARCÍA, Miguel Ángel. *Regulación y servicios públicos*. Granada: Comares, 2003.

SILVA, Cristiana Maria Fortini Pinto. *Contratos administrativos*. Belo Horizonte: Del Rey, 2007.

SILVA, Íris Araújo. Regiões metropolitanas e autonomia municipal. *Revista de Brasileira de Estudos Políticos*, Belo Horizonte, 1981.

SILVA, José Afonso da. *Direito urbanístico brasileiro*. 3. ed. rev. e atual. São Paulo: Malheiros, 2000.

SIMÃO FILHO, Adalberto. *Franchising*: aspectos jurídicos e contratuais. São Paulo: Atlas, 1993.

SIQUEIRA CASTRO, Carlos Roberto. *A Constituição aberta e os direitos fundamentais*. Rio de Janeiro: Forense, 2003.

SISTER, Gabriel. *Mercado de carbono e Protocolo de Quioto*: aspectos negociais e tributação. São Paulo: Elsevier, 2007.

SOUTO, Marcos Juruena Villela. *Desestatização*: privatização, concessões e terceirizações. Rio de Janeiro: Lumen Juris, 1997.

_____. *Direito administrativo regulatório*. Rio de Janeiro: Lumen Juris, 2002.

_____. Atividades comunicadas e regulação de lista de prestadores de serviços de saúde. *Fórum Administrativo*, v. 76, 2007.

_____. *Direito administrativo das concessões*. 5. ed. Rio de Janeiro: Lumen Juris, 2004a.

_____. *Direito administrativo contratual*. Rio de Janeiro: Lumen Juris, 2004b.

_____. *Direito administrativo em debate*. Rio de Janeiro: Lumen Juris, 2004c.

_____. *Direito administrativo das parcerias*. Rio de Janeiro: Lumen Juris, 2005a.

_____. *Direito Administrativo regulatório*. 2. ed. Rio de Janeiro: Lumen Juris, 2005b.

_____. *Direito administrativo estadual*. Rio de Janeiro: Lumen Juris, 2008a.

_____. O marco regulatório do saneamento básico e o poder normativo das agências reguladoras. In: GALVÃO JÚNIOR, Alceu de Castro; XIMENES, Marfisa Maria de Aguiar Ferreira (Eds.). *Regulação: normatização da prestação de serviços de água e esgoto*. Fortaleza: Abar/Arce, 2008. v. 1, p. 51-72.

SOUZA, Clóvis S.; MILLER, Daniel Shiavoni. O Protocolo de Quioto e o mecanismo de desenvolvimento limpo (MDL): as reduções certificadas de emissões (RCEs), sua natureza jurídica e a regulação do mercado de valores mobiliários, no contexto estatal pós-moderno. *Portal CVM*, 2003. Disponível em: <www.cvm.gov.br/port/Public/publ/CVM-ambiental-Daniel-Clovis.doc>. Acesso em: 22 jul. 2008.

TAVARES, André Ramos. *Curso de direito constitucional*. 5. ed. São Paulo: Saraiva, 2007.

TAVARES, Renata Campos Laborne; LEME, Fabiana Soares. Mecanismos do desenvolvimento limpo – MDL e o mercado de carbono no Brasil. *Lex Universal*, 30 set. 2007. Disponível em: <www.lexuniversal.com/pt/articles/3324>. Acesso em: 20 maio 2009.

VIDIGAL, Flávio Augusto Marinho. O Protocolo de Kyoto, o mecanismo de desenvolvimento limpo e as formas de circulação dos créditos de carbono. *Dom.total* [s.d.]. Disponível em: <www.domtotal.com/direito/uploads/11.pdf>. Acesso em: 13 maio 2008.

XAVIER, Helena de Araújo Lopes. *O regime especial da concorrência no direito das telecomunicações*. Rio de Janeiro: Forense, 2003.

Organizadores

Na contínua busca pelo aperfeiçoamento de nossos programas, o Programa de Educação Continuada da FGV Direito Rio adotou o modelo de sucesso atualmente utilizado nos demais cursos de pós-graduação da Fundação Getulio Vargas, no qual o material didático é entregue ao aluno em formato de pequenos manuais. O referido modelo oferece ao aluno um material didático padronizado, de fácil manuseio e graficamente apropriado, contendo a compilação dos temas que serão abordados em sala de aula durante a realização da disciplina. A organização dos materiais didáticos da FGV Direito Rio tem por finalidade oferecer o conteúdo de preparação prévia de nossos alunos para um melhor aproveitamento das aulas, tornando-as mais práticas e participativas.

Joaquim Falcão — diretor da FGV Direito Rio

Doutor em educação pela Université de Génève. *Master of laws* (LL.M) pela Harvard University. Bacharel em direito pela Pontifícia Universidade Católica do Rio de Janeiro (PUC-Rio).

Diretor da Escola de Direito do Rio de Janeiro da Fundação Getulio Vargas (FGV Direito Rio).

Sérgio Guerra — vice-diretor de pós-graduação da FGV Direito Rio

Doutor e mestre em direito. Professor titular da FGV Direito Rio (graduação e mestrado), na qual ocupa o cargo de vice-diretor de pós-graduação (*lato* e *stricto sensu*). Diretor-executivo da *Revista de Direito Administrativo* (RDA) e coordenador do mestrado profissional em Poder Judiciário. Possui pós-graduação (especialização) em direito ambiental, direito processual civil e direito empresarial e cursos de educação continuada na Northwestern School of Law e University of California – Irvine.

Rafael Almeida — coordenador de pós-graduação

Master of laws (LL.M) em *international business law* pela London School of Economics and Political Science (LSE). Mestre em regulação e concorrência pela Universidade Candido Mendes (Ucam). Formado pela Escola de Magistratura do Estado do Rio de Janeiro (Emerj). Bacharel em direito pela Universidade Federal do Rio de Janeiro (UFRJ) — onde cursa doutorado em economia — e em economia pela Ucam. Coordenador dos cursos de pós-graduação da FGV Direito Rio.

Rodrigo Vianna — coordenador de pós-graduação

Master of Laws (LL.M) em *alternative dispute resolution* pela Kingston University London. Bacharel em direito pela PUC-Rio. Coordenador de comunicação e dos cursos de pós-graduação da FGV Direito Rio.

Colaboradores

Os cursos de pós-graduação da FGV Direito Rio foram realizados graças a um conjunto de pessoas que se empenhou para que ele fosse um sucesso. Nesse conjunto bastante heterogêneo, não poderíamos deixar de mencionar a contribuição especial de nossos professores e pesquisadores em compartilhar seu conhecimento sobre questões relevantes ao direito. A FGV Direito Rio conta com um corpo de professores altamente qualificado que acompanha os trabalhos produzidos pelos pesquisadores envolvidos em meios acadêmicos diversos, parceria que resulta em uma base didática coerente com os programas apresentados.

Nosso especial agradecimento aos colaboradores da FGV Direito Rio que participaram deste projeto:

Daniel Cortez de Souza Pereira

Pós-graduado pela Escola da Magistratura do Estado do Rio de Janeiro. Assessor jurídico do Instituto Estadual do Ambiente, no qual atua como coordenador de direito administrativo.

Leonardo Coelho Ribeiro

Pós-graduando em direito empresarial (LL.M. Litigation: novos desafios dos contenciosos) pela FGV Direito Rio. Sócio do Escritório Juruena & Associados — Advogados. Pesquisador da pós-graduação da Escola de Direito da FGV Direito Rio. Consultor jurídico externo do Instituto Brasileiro de Administração Municipal (Ibam). Membro do Instituto de Direito Administrativo do Estado do Rio de Janeiro (Idaerj).

Leonardo Vizeu Figueiredo

Mestre em direito pela Universidade Gama Filho. Especialista em direito do estado e regulação de mercados pelo Ceped/ Uerj. Especialista em direito público pela Universidade Estácio de Sá. Professor palestrante da Escola de Magistratura do Rio de Janeiro. Professor da Universidade Santa Úrsula. Professor do Centro Universitário Plínio Leite. Professor da pós-graduação da Fundação Getulio Vargas. Procurador federal lotado na Comissão de Valores Mobiliários.

Lúria de Almeida Carvalho

Mestra em propriedade intelectual e inovação pelo Inpi. Colaboradora da Coordenação de Publicações da FGV Direito Rio. Advogada.

Marcos Juruena Villela Souto (em memória)

Doutor em direito econômico e sociedade pela Universidade Gama Filho. Professor visitante da Universite de Poitiers (França). Professor do Mestrado em Direito da Universidade Cândido Mendes/RJ e da Universidade Gama Filho. Presidente da Comissão de Direito Administrativo do IAB. Membro do

Instituto de Direito Administrativo do Estado do Rio de Janeiro (Idaerj). Procurador do Estado do Rio de Janeiro. Sócio do Escritório Juruena & Associados — Advogados.

Paulo César Melo da Cunha

Mestre e pós-graduado em direito empresarial pela Universidade Candido Mendes. Pós-graduado em direito tributário pelas Faculdades Integradas Bennett. Professor de pós-graduação em direito da FGV e da Universidade Candido Mendes. Assessor jurídico da Presidência do Tribunal de Contas do Município do Rio de Janeiro. Advogado e sócio do escritório Juruena & Associados — Advogados.

Raphael Monteiro Silveira de Araújo

Pós-graduado em direito privado pela Universidade Gama Filho (UGF). Advogado. Procurador do município de Maricá, RJ.

Rafael Véras de Freitas

Pós-graduando em direito do Estado e da regulação pela Escola de Direito da Fundação Getulio Vargas. Especialista em direito administrativo empresarial pela Universidade Candido Mendes (Ucam). Pesquisador da Fundação Getulio Vargas. Membro do Instituto de Direito Administrativo do Estado do Rio de Janeiro (Idaerj). Sócio do Escritório Juruena & Associados — Advogados.

Raquel Castilho da Silva

Consultora jurídica do Instituto Brasileiro da Administração Municipal (Ibam). Pesquisadora da Fundação Getulio Vargas.

Rodrigo Tostes de Alencar Mascarenhas

Mestre em direito constitucional pela PUC-Rio. Doutorando em direito público pela Universidade de Coimbra. Procurador do Estado do Rio de Janeiro.

Simone de Almeida Carrasqueira

Mestra em direito na área de concentração em direito e economia pela Universidade Gama Filho. Especialista em direito e negócios do petróleo, gás e energia pela Universidade de Campos. MBA em direito da empresa e da economia e em advocacia pública pela Fundação Getulio Vargas. Advogada da Petrobras.

Thaís Teixeira Mesquita

Graduada em letras, com habilitação em português e literaturas de língua portuguesa, na Uerj. Pós-graduanda em língua portuguesa no Liceu Literário Português. Atua como revisora do material didático dos cursos de extensão e especialização da FGV Direito Rio. Também atua como professora, lecionando língua portuguesa e literatura nos ensinos fundamental e médio.